카톡으로 보낸편지

카톡으로 보낸편지

박춘임 지음

maronie

앞서는 글

눈 뜨자마자 핸드폰을 열어 환한 웃음으로 아침인사를 나눕니다. 거기에 내 가까운 지인들의 일상이 고스란히 담겨있습니다. 메인사진 한 장만 바뀌어도 새로운 소식으로 고스란히 안겨있습니다. 이렇듯 구태어 지워야 할 인연은 없는 것이 우리 살아가는 일이기에 멀리 있어도 지척인 듯 카카오톡에서는 지금 이 순간도 우리들의 인연은 영글어가고 있는 중입니다.

뿐만 아니라 "카톡" "카톡"하는 이 신선한 음성이 하루를 시작하고 채워가는 생기 있는 알람이 되고 있다는 사실을 지극히 부정할 수 없기에 카카오톡에 대한 수다를 단 한 편의 글로 표현한다는 것은 많이 부족할 것 같습니다만 음성통화보다 모바일 채팅을 선호하는 세상에 타인과의 모든 커뮤니케이션은 카톡으로 통할뿐더러 이 커뮤니케이션 자체가 내 일상에 이미 깊숙이 관여하고 있는 것이지요. 매일 카톡편지를 전송하면서 저 홀로 영글어가는 내 인연들과 서로의 존재감을 여기에 모아 머무르게 했습니다.

관계를 맺는다는 또 다른 말은 카톡친구를 한다는 것과 같습니다. 단절되더라도 관계는 지속된다는 중요한 의미가 있는 것이지요. 또한 긴밀한 관계는 더욱 긴밀해집니다. 또한 카톡 편지를 받고 답장이 너무 늦지 않아야 함은 암묵적인 우리들의 예의가 되었습니다. 그래서 그동안 독자들께 전송해드린 아침편지와 서로를 초대하고 이야깃거리를 공유하며 보내주신 답장으로 충분히 행복했습니다. 그동안 만나지 못하더라도 쌓인 친밀감을 함께 엮어 이번 〈독자와 함께 엮은 카톡편지〉를 상재합니다. 저의 지인이 되어 또는 저의 독자가 되어 함께 공유하고 나눈 그동안의 마음과 정성에 감사드립니다.

소중한 당신과 함께 나눈 사연을 소중한 당신께 드립니다.

2017년 가을 오는 길목에서 드리는
여우편지

봄 편지

Ⅰ. 삼월의 꿈

Ⅱ.기도하는 마음

Ⅲ. 배꽃아래 그 여인

Ⅳ.기다림은 희망입니다.

여름 편지

Ⅰ. 마음이 여무는 일

Ⅱ. 석양처럼 아름답기를

Ⅲ. 죽도록 아파보기

Ⅳ. 세월 속에서 드리는 편지

가을 편지

Ⅰ. 모두가 행복입니다.

Ⅱ. 함께 흔들린다는 것

Ⅲ. 기막힌 인연

겨울 편지

Ⅰ. 카타르시스를 전송합니다.

Ⅱ. 들숨과 날숨으로 별을 품듯

봄편지

삼월
새 움이 돋습니다.
겨울을 뚫고 통증을 주무르며
초록 싹 틔웁니다.

봄편지—I

삼월의 꿈

삼월의 꿈

삼월
새 움이 돋습니다.
겨울을 뚫고 통증을 주무르며
초록 싹 틔웁니다.

날씨도 따숩습니다.
우선
여우 옷차림도 화사하게
연두색 바람처럼 흰 다리도 내 놓으며
봄바람 한 번 일으켜 보고 싶습니다.

이렇게
입학도 꿈이고
졸업도 꿈이 되는 3월에
우리도 꿈처럼 봄 속으로 파고들어 보시게요.

이 봄!
화사하고 평화로우소서!
여우 봄 편지

2016. 3. 3. 목요일

김영천(시인) / 매일 감동의 글 감사합니다.

김혜경(시인) / 바람에 힘이 들어가고 추위가 오락가락 하다보면 봄이 가깝다는 증거입니다. 가장 아름다운 봄을 맞으세요.

우표 없는 편지

모든 꽃 다 필 기세로
봄이 아무 탈 없이 도착해서
까마득히 듯 잊힐 뻔한
일상 하나 깨우치게 합니다.

오늘은 암만 바빠도
여우네 문지방에 선
목련한 번 쳐다보아야겠습니다.
아무 할 일 없는 여인네처럼
월출산여우네 주변 한 번
휘 둘러 보아야겠습니다.

그 소식
우표 없이 보내 드리겠습니다.
여우안부

2016. 3. 16. 수요일

홍향숙(시인) / 아침편지를 읽으면 기분이 좋아지고 힘이 나며 행복감이 넘쳐요.

김찬순(독자) / 매일 보내주시는 시 한편이 내 맘 어루만져 주며 많은 위로가 됩니다.

김영천(시인) / 삶 자체가 시로구만.

김양호(시인) / 우표 없는 편지 잘 받고 봄을 느끼고 있습니다.
새봄처럼 늘 –

봄비 내리는 날

비 옵니다.
이 비 그치면
봄꽃 피어 지천이겠지요?

이 비에 여우도 너무 활짝 필까 두려워
봄비
너무 심하게 맞지 않겠습니다.

바쁩니다.
남이 볼만할 때가 춘삼월이기에
부지런히 사랑하고
부지런히 시를 근심함서
부지런히 살아야 할 일입니다.

여우네 동네에 벚꽃 피면
잔등하나 넘고 구부러진 모퉁이 한 번 돌아

여우네에 도착하셔도 좋겠습니다.
봄비 내리는 날 여우편지

2016. 3. 18. 금요일

곽성구(독자) / 봄은 우리네 동네에 우리 가슴에 내 추억 속에 화려하게 와 있네. 여우! 봄비를 너무 심하게 맞지는 마시게.

김양호(시인) / 아름다운 시간이 보입니다. 오늘이 봄비에 봄바람 날 것 같은데 또 하나의 고민입니다.

김재선(시인) / 햇살고운 아침 찬란한 빛 속으로 박시인님의 고운 모습도 드려봅니다. 그 고운인연도 되새겨 봅니다.

꽃에게 빼앗긴 세월

여우네 마당에 목련이며 벚꽃이며 개나리가
내 허락도 없이
내 세월 다 끌어다가
당당히 피웠습니다.

가만히 앉아서
아니면
세상천지 분간 못하고 잠 한 숨 자고나니
저 홀로 피워버린 저 꽃에게
내 세월 다 빼앗겨 버렸습니다.

저 꽃 피고 지는 것
유죄 아닌가요?
오늘
잃어버린 세월 찾으러 갑시다.
여우생각

2016. 3. 30. 수요일

임영열(독자) / 그 꽃들 무단 가택 침입 및 무단 마음 침범 죄로 고소하세요.

정길자(독자) / 날마다 삶이 묻어나는 아름다운 여우편지 감상 잘 하고있습니다. 여우님의 글이 한 올 한 올 익어 감을 느낍니다.

김영천(시인) / 좋겠네 여기는 콩크리트 뿐이네.

홍향숙(시인) / 나도 세월 찾으러 가고 싶습니다. 공감과 감동.

사랑으로 흥건한 날

"내가 떠나보낸 것도 아닌데
내가 떠나온 것도 아닌데
오늘도 우리는 점점 멀어져가네"

새벽 음악방송으로 흐르는 노래 가사를
어쩌자고 잊히지 않고 가슴에 담아두어
그로인하여
지금 내 눈에 내 가슴에 담겨있는 주위가
애틋하기 그지없네요.

수많은 사람들이 다녀간 가슴처럼
여전히 오늘도 세월은 흐를 것이기에

오늘
마주보고 있는 가장 가까운 사람을
가장 많이 사랑해야 할 일입니다.

사랑으로 흥건한 날 드려요.

여우편지

2016. 4. 26. 화요일

차행득(시인) / 올 봄은 온전히 여우님 것이 아닌가 싶습니다. 월척을 건져 올린 것도, 기약 없이 떠난 님 돌아오는 것도 아니건만 이리도 종종걸음 이라니...그대만의 봄날에 좋은 글 순풍순풍 뱉어내시길...

김승룡(독자) / 저도 김광석의 노래를 들을 때마다 늘 쓸쓸해 집니다.

고운 인연

라일락 지던 꽃대에서
다시 라일락이 피었습니다.

목련 떨어진 그 자리에
다시
목련이 피었습니다.

나 또한
다시 태어나도
나로 태어나고 싶습니다.

그래서
우리들의 고운 인연
다시 맺고 싶습니다.
정성스러운 하루 전송합니다.
여우편지

2016. 5. 2. 월요일

조구호(독자) / 여우는 생각이 많아. 우리 박시인 집 라일락, 목련 구경 좀 해야 할 텐데...

김재선(시인) / 날마다 글을 음미할 때마다 진정한 시인의 마음을 느낍니다.

김양호(시인) / 그 자리에 다시 오려면 정성것 살겠습니다. 아름다운 시간 되세요.

김혜경(시인) / 그 인연 참 소중합니다.

비오는 날의 안부

비가 오면 우선 마음이 차분해 집니다.
양철지붕 아래서
토닥토닥 빗소리 들으며
술친구들과
철학이거나 문학이거나

돈도 안 되는
돈이 안 되기에 마음대로 논할 수 있는
그런
질펀한 분위기가 그리워집니다.

유난히 비가 많은 올 봄
물에 젖은 솜 마냥 눅눅하지만
뽀송뽀송하고 고운 날 되소서!

여우안부

2016. 5. 9. 월요일

박숙자(독자) / 글들이 어쩜 이리도 이쁜지.

김정평(시인) / 열심히 살고 쓰고 또 쓰고 대단하심.

홍향숙(시인) / 따뜻한 봄 날처럼 찾아드는 소식, 슬그머니 미소 짓게 해서 행복합니다.

찔레꽃 시절

섬 머스마 스타일 같은 아카시아
일찍 철든 딸 같은 수선화
큰언니 같은 수국
막내딸 같은 꽃크로바

그 꽃 다 품어
하늘도 가려주고 땅도 덮어 주는
어머니 같은 꽃 찔레

찔레꽃 시절인데
여우시절인 냥 마냥 좋습니다.
좋은 계절 속에 고운하루 드려요.
여우편지

2016. 5. 13. 금요일

설혜영(독자) / 어릴 적 고물고물 샘가에 피었던 꽃밭이 그리워지네요.

임매환(독자) / 저는 막내딸 같은 꽃 할래요.

김영천(시인) / 천하의 모든 꽃들이 다 가족이시니 참 좋으시겠네.

김혜경(시인) / 가끔 여우시인님이 전하는 편지를 읽으며 웃음을 깨물어 먹습니다. 참 맛이 좋습니다.

풀잎의 상처

누군가 기계톱으로 풀을 베는데
향기가 날립니다.
상처였습니다.
풀잎들 찢어지는
상처의 향기였습니다.

몸과 마음 전부를
상처인 것조차도 모르고
향기로 자식 길러 낸 어버이처럼
풀잎의 상처로
쉼 호흡하는 아침입니다.

아무 탈 없이 가고 있는 봄
평화로우소서!
여우기별

2016. 5. 25. 수요일

설혜영(독자) / 공감 백배입니다. 그 감성에 박하사탕 먹는 것처럼 기분이 호-해집니다.

조선희(시인) / 어찌 이리도 글을 잘 쓰시는지 항상 감탄합니다.

고미선(시인) / 멋진 삶 파이팅입니다.

시인으로 살아가고 있다는 사실 앞에서

가끔 드리는
내 아침편지를 기다리는 사람이 생겼습니다.

가끔 드리는
내 시어를 그리워하는 사람이 생겼습니다.

그
일상 같은 시 속으로
시 같은 일상 속으로
함께 젖어가는
사랑하는 사람이 생겼습니다.

지금
시인으로 살아가고 있다는
명확한 이 사실에
감사가 넘치는 아침입니다.

그대
저녁노을까지 행복하소서!
여우편지

2016. 5. 30. 월요일

전 숙(시인) / 저도 그 기다림에 한 표입니다.

김승룡(독자) / 주변에 이런 좋은 글을 보내주신 분이 있어 저 또한 행복합니다.

황혼녘에 계시는 어머니

어제는 해질녘에 밖에 나갔다가
어디선가
엄마를 부르는 아이의 목소리를 들었습니다.

그런데
해질녘에 들리는 "엄마"라는
그 소리가 어찌 그리 따뜻하던지요.

단 한번도
엄마를 불러보지 않았던 것처럼
푸근하고 그리운 "엄마"라는
이름이었습니다.

생각해보니
아침에 부르는 "엄마"와
해질녘에 부르는 "엄마"가

참 다르게 와 닿음을 느꼈습니다.

그랬습니다.
황혼녘에 계시는 어머니만큼
아름다운 그림은 없을 것 같았습니다.

보고 싶습니다.
어머니가…
여우그리움

2016. 5. 31. 화요일

이애련(독자) / 공감이 가네요. 우리나이에는 엄마라는 소리만 들어도 가슴이 뭉클해 집니다.

박응선(독자) / 공감 가는 시어에 마음을 띄워 보냅니다.

종교가 무엇이든
누구를 위한 기도이든
기도하는 마음과
기도하는 모습만큼
아름다운 것은 없을 것 같습니다.

봄편지 — II

기도하는 마음

아이들이 감사와 희망입니다

간혹
"이 나이토록 나는 뭘 했나" 허무할 때

"엄마가 해준 것이 참 많네.
엄마가 없었음 어쨌을까 하는 생각을
앞으로도 많이 하고 살 것 같네."
어제 밤
아들아이의 카톡편지가
잠시
세상에 대해 덜 미안하게 합니다.

혹은
'날마다 똑같은 일 이게 뭔가"힘 빠질 때
오늘처럼 개학해서 몰려드는
아이들의 투명한 웃음과
건강한 그 소리들이

책 속에 켜켜이 쌓이겠다 싶으니
세상을 살아가는 경쾌한 에너지가 됩니다.
내 아이거나
남의 아이거나
아이들이 감사이고 희망입니다.

2017. 3. 2. 목요일

김영승(시인) / 오늘부터 바빠지겠군요. 애들 뛰노는 모습보면 행복하지요.

김병찬(독자) / 여우님 글로 표현하는 복을 받으니 감사입니다. 아이들의 제잘거림에 더 젊어지셨겠네요.

마음의 길

길은 생겨나는 것이 아니라
만들어 지는 것입니다.
그 길을 사람이 다니지 않으면
없어지고 맙니다.

사람을 위하여 놓인 길을
사람이 왔다 갔다 하듯이
사람 마음 또한
늘 왔다 갔다 하는 것이기에

안부가 궁굼 하든지
안부를 전하고 싶든지
물음표를 붙여 소식을 전한다는 것

그것은
그리움과 기다림으로

마음의 길을 닦고 닦고 닦는
여전히 우리는
아름답게 살고 있음의 표적입니다.

아름다운 날 드려요.
여우올림

2017. 3. 3. 금요일

조구호(독자) / 수줍은 봄기운이 월출산 능선을 타고 구림으로 내려오겠군요.

조윤자(독자) / 게으른 여인의 빗질처럼 내내 옴지락거리다 불안한 기대를 하고 치밀어 오르는 꽃봉오리 사소한 이익으로 사정없이 발가벗은 우리 둔상들 또 이렇게 계절은 바뀌고 모두가 또한 바뀌겠지요. 좋은 글들에 어설픈 답을 보냅니다.

아메리카노 향기

저는 커피를 잘 모릅니다.
그래서 커피전문점엘 가면
가장 흔하고 쉬운 이름
아메리카노를 찾습니다.

뿐만 아니라
짜장면과 탕수육을 먹은 후
쌀밥과 스테이크를 먹은 후
또는
윗분을 만나거나
깊은 우정을 만나거나
가볍게 차 한 잔 나눌 사람과도

아메리카노는
가장
만만하지만 고급지고

문안하지만 귀하고
흔하지만 품위 있는 향기를 가진
디저트라는 생각이 듭니다.

오늘
아메리카노 향기를 만나면
익숙하고 편한 사람이 생각날 것 같습니다.
평화로우소서!
여우올림

2017. 3. 6. 월요일

이상식(독자) / 사무실에서 격이 있는 아메리카노를 작가님의 글을 음미하여 더욱 맛있게 마십니다.

박혜숙(독자) / 오늘은 소재가 커피군요. 어쩜! 작가님의 머릿속이 궁금해집니다. 감사합니다.

홍향숙(시인) / 일상으로 돌아온 오후 저도 아메리카노 만나고 싶네요.

아름다운 의미

속속히 박힌 흰 눈 털고 피었건만
춘삼월에 뜬금없이 내린 눈까지도
앙탈 없이 곱게 맞이하는
겨울 꽃 동백의 여유랄지

밤도 아닌
낮도 아닌 애매한 시간이
하루 중
가장 파란 색깔이라는 당당함이랄지

해 뜨는가 하면 봄이고
달뜨는가 하면 가을이어서
세월이 간다하여
바삐 따라갈 것도 아니며
멈추어 떼를 쓸 것도 아니라 합니다.

우리
지금 머무는 곳에서
가장
아름다운 의미가 되시기를 기도합니다.
여우기도

2017. 3. 8. 수요일

이경자(독자) / 눈 속에 동백처럼 등정의 하루입니다. 사랑의 글 소중하게 가슴에 박습니다.

채미숙(독자) / 늘 좋은 글 감사합니다.

분명 돈인데

사람들마다 밟고 지나가는 그 것
분명 돈인데
줍자니 민망하고 그냥 지나치자니
분명 돈인데
멈추어 서서 한 참을 지켜보아도
허리 굽혀 줍는 사람이 없습니다.
분명 돈인데
용기 내어 주워서 슬그머니 주머니에 넣었습니다.
뒤따라오던 아들아이가 묻습니다.
"엄마 뭘 주워 담아?"
"으으응 돈!"
"얼마짜린데?"
"10원짜리"

뛰지 마라 배 꺼진다던 시절에
그 빛나던 동전

뛰어라 배 꺼지게라는 시절에
분명 돈을 주워 담았는데 슬퍼지려 합니다.
넉넉한 오후 드려요.
여우올림

2017. 3. 9. 목요일

홍향숙(시인) / 슬그머니 미소 짓게 하는 소식에 행복합니다.

방울이(독자) / 어쩌면 이렇게 틀린 말없이 좋은 말 예쁜 말만할까 존경스럽네요.

자식의 소리

시골 오일장에서 먹거리를 사다가
대도시 대형마트 옆에 사는 딸에게
밑반찬을 준비해서 택배로 보냅니다.

어머니에게 자식의 소리는
귀에 들리는 것이 아니라
가슴을 통해 느낌으로 다가오는 것이기에
두 아이 엄마가 된 딸아이의 일상이
분주함으로 가득합니다.
내가 아이일 때
어머니는 당연했고
내가 어머니일 때
어머니는 눈물이었습니다.
내 딸이 어머니가 되어 자식 키우는 모습을 보니
어머니는 하늘입니다.
여우생각

2017. 3. 10. 금요일

이애련(독자) / 박시인님의 글은 어쩜 이렇게 마음에 와 닿는지요.

김경희(독자) / 먹먹합니다.

강현웅(독자) / 사랑! 어쩐지 낯설게 느껴지는 단어입니다. 늘 갈망했었던 그 날이 엊그제 같은데 따스한 봄날 처럼 내 마음에도 그 날이 다시 찾아 왔으면...

추억의 봄

먹어도 배가 차지 않아
굶어도 고픔을 느끼지 못해
두레박에 입을 대고 벌컥벌컥
맹물을 마셔봅니다.

수업 끝 종 울리자마자
등 굽은 플라타너스를 올라타고
시작종이 울리는 줄도 모르고 놀면서도
파란 보리논에
독새기풀과 곰밤부리가 지천인 것이
마음에 한 가득입니다.

국민학생의 소리들을 모아
가슴에 집중하다보니
말이 없어진 지천명의 여인에게
모교의 봄바람이

푸성귀처럼 퍼렇게 살아 일어서는 오후입니다.

여우 봄까지 드려요.

여우올림

2017. 3. 13. 월요일

문금순(독자) / 어찌 그리 생각도 잘허요. 건강하시지요?

노용례(독자) / 봄기운이 가득합니다. 추억을 되새기는 글들 항상 고마워요.

홍향숙(시인) / 여우님의 글을 읽을 때마다 마음을 살짝 훔쳐보고 싶어져요. 봄 햇살처럼 따스하고 가을 빛 담은 낙엽처럼 참 이쁜 여우마음.

이근모(시인) / 푸성귀처럼 퍼렇게 살아 일어서는 저녁 행복으로...

살아가는 일

세상에 귀하지 않는 아이는 없습니다.
그 아이가
온몸으로 뒤집고
네발로 기다가
두발로 걸어서
고목이 되어 갑니다.

때로는
가만히 누워있어도 아플 때가 있으며
조심스레 걷다가 넘어질 때가 있으며
아름답게 꾸던 꿈을 포기할 때가 있는가 하면
사람으로 하여금
가슴에 상처 하나 쯤 생겨나겠지요?

오늘은
엎어지고 자빠지는 부딪힘이

살아가는 일이려니
살면서
잠시 마음으로 부딪혀서 아팠던
그 누구라도 기억하며 그리워해 볼 참입니다.
평하로우소서!
여우올림

2017. 3. 14. 화요일

임화정(독자) / 너무 좋습니다. 읽을 때마다 입을 다물 수가 없네요. 부럽구여.

민희원(아동문학가) / 참 부지런하신 선생님 행복한 날 되세요.

좀 더 천천히 갈 걸

헤어드라이기가 망가져
전자대리점에 들렀습니다.
투명한 유리문을 바쁜 마음에 달려들다
그만
안경이 박살나고 말았습니다.
좀 더 천천히 갈걸.

생각해보니
비단 이 뿐만이 아니었습니다.
삶에 대한 희망이거나
사람에 대한 믿음이거나
빨리 달려 잡은 것과
달려오다 잃어버린 것들이
참으로 많았습니다.

느림은

야망을 품고 쫓고 쫓기는 지침보다
리듬을 잘 활용하는 여유라는 것을
알 것 같기에
좀 더 느리게 살기로 합니다.

느림과 차분함을 추신합니다.
여우올림

2017. 3. 15. 수요일

임태성(독자) / 소유하려 할수록 더 잃습니다. 비워내고 버리는 연습 해야겠어요.

김은순(수필가) / 느림에 친숙해야 할 나이입니다.

말을 모종하다

뜬금없는 뇌졸중으로 언어장애를 맞은
젊디젊은 청년이
아끼고 아껴둔 말을 합니다.

세상에서 가장 연하고 부드러운
잎싹 같은 혀로 곡선을 그리던 말이
그의 가슴에서
참 좋은 말을 꽃 피웠습니다.

연초록 줄기 같은
낭창낭창한 그 말 가까이에 앉은 나는
강한 에너지의 꽃을 피웠습니다.

아름다운 말 한마디 모종했건만
소리가 아닌 파동으로
내 가슴에 꽂혀

감사의 일상이 됩니다.

감사를 함께 나눕니다.
여우바람

2017. 3. 16. 목요일

김현숙(아동문학가) / 언어의 마술사 그 고운 마음이 눈에 보입니다.

김혜경(시인) / 곱고 푸름으로 삶을 이어가는 아름다운 시인이십니다. 귀하신 당신이 나의 지인이어서 참 좋습니다.

아버지가 있는 그림

젊은 날의 남편은
그늘이 넓고
든든한 버팀목이었고
세상에서 가장 크신 어른이었습니다.

아버지가 된 남편은
특별한 밥그릇과
숟가락 젓가락까지
아이들에게 밥상머리 교육이었습니다.

요즘
장성한 아들이 온다는 기별만 와도
새 밥을 짓고
새 반찬을 준비하고
그리고는
남은 밥과 반찬으로
남편 밥상 차리는 여자가 되어

점점 크고 넓어지는
아들의 그늘에
점점 작아지는
남편의 그림을 그려 넣으며
무엇인지 모를 안타까운
마음 한 자락 끌어안아봅니다.

오늘은
여우의 그늘 한 번
올려다보아야 하겠습니다.
행복하소서!
여우바람

2017. 3. 20. 월요일

장윤호(시인) / 그러게요. 중년의 남자들이 외롭습니다.

이경자(독자) / 공감입니다. 저도 오늘 아침 그랬는데 좋은 글 카스에 모셔가도 될까요?

그 여자의 역사

그녀의
안정과
인내와
너그러움으로

그들의
꿈과
열정과
도전을 보듬어

달나라를 가보고 싶고
무지개를 타보고 싶은
동심이 아니라도
키 차이
생각차이
나이 차이를 두고
학우가 되어

80세에 초등학교 1학년이 되었습니다.

한 동네 어르신을 만나
결석이 잦은 학생의 안부를 살피는
담임선생님께서는
오늘의 출석부에
그녀의 역사한 줄을 또 써 넣을 것 같습니다.

이렇게
봄별 내리쬐는 세상에 모든 사연들이
우리 함께 살아가는 역사입니다.
화려한 오후 드려요.
여우올림

2017. 3. 23. 목요일

홍향숙(시인) / 여우글을 읽을 때마다 그 마음을 살짝 훔쳐보고 싶어져요. 봄 햇살처럼 따스하고 참 이쁜 여우마음.

고미선(시인) / 80세에 1학년 이제야 봄이 찾아왔군요.

여우 이야기

산업체부설학교 여고동창생을
지천명에 이르러 만났습니다.

그는 나를
주말이면 경상도에서 전라도까지
밤기차를 타고 농사일을 거들고
라면을 먹으며 식사권을 아끼며
불 꺼진 생활관 복도에서
밤늦도록 책을 들여다보고 일기를 쓰던
나에 대한 기억을 풀어 놓았습니다.

나도 나를 기억하지 못하는
내 여고시절이 짠하고 안쓰러워
하염없이 토닥토닥
그 때의
내 어머니보다 더 나이 든

어머니의 가슴이 되어 품어 주었습니다.

시절이 좋아져서가 아니라
내 마음이 잘 살고 있음은
세상에 공짜가 없는 까닭을
추억으로도 맞았습니다.

행복하소서!
여우이야기

2017. 3. 24. 금요일

장윤호(시인) / 그 추억들이 금광이었군요. 그래서 더 빛나는 금빛 글로 독자들 가슴에 빛을 주는 것이지요.

이경자(독자) / 그래서 여우님의 글은 사치스럽지 않고 삶이 통째로 걸어 옵니다. 귀하신 당신이 제 지인이어서 참 좋습니다.

김혜경(시인) / 갈래머리 야무지던 여고시절, 새삼 떠오릅니다. 토닥토닥 등 두드리며 가슴으로 안아보는 여우시인님

오늘도 짧습니다

문득 문득 지나가는 봄비
봄을 피우려 비가 내리더니
꽃피는 자리마다
축제소문이 파다합니다.

우주에
꽃이 아닌 것이 어디 있으랴.
바다의 꽃
멍게도 피어 한창이더이다.

짧은 봄날
소중한 사람과 함께
꽃 같은 추억을 만들자니
발길을 재촉해야 할 것 같습니다.

오늘도 짧습니다.

사랑 충만한 하루 드려요.

여우편지

2017. 3. 27. 월요일

김정훈(독자) / 봄을 피운다. 멋진 표현입니다.

양선희(독자) / 시간은 날아갑니다. 춤을 추다가, 한 숨 쉬다가, 때때로 지나쳐온 시간을 아쉬워하니 지금은 놓칩니다.

이원재(독자) / 감성의 예민함 삶의 관조가 느껴집니다.

이경자(독자) / 늘 감사하게 편지 받습니다. 참 고마운 사람, 연인 같은사람, 따스한 정서를 가진 시인님.

이근모(시인) / 꽃 핀 자리 축제길 빛으로 빛나소서. 한주 행복 가득하시길

첫 경험

이맘 때
저 계집애의 가슴
몽글몽글 피어나고 있음을
뻔히 알면서
자꾸만 자꾸만 궁금해 들여다봅니다.

여물어 가는 가슴을 꽁꽁 싸 메고
발그레 낯 붉히다가도
봄볕 살짝 따사로우면
팝콘 터지 듯 허망하게 피어
해실거릴 것을 뻔히 알기에
한 열흘 차분히 기다려주기로 합니다.

나름대로 첫 경험인데
풋 처녀의 가슴을 열자니
어디 쉬운 일이겠던가요?

구림리 벚꽃소식 전합니다.
여우드림

2017. 3. 28. 화요일

조구호(독자) / 봄기운이 스멀거리니 박시인의 글이 더 살갑네요. 일일이 답하지 않지만 늘 읽으며 성찰합니다.

김희문(독자) / 벚꽃님 가슴이야기에 가슴 두근거렸습니다. 하루가 또 즐겁습니다.

김영천(시인) / 멋진 이 봄의 주인공이 되시기를 바래요.

권개화(독자) / 날마다 평화롭고 안온하길, 마음이 절로 따뜻해집니다. 감사합니다.

김재선(시인) / 아주 정말 멋지고도 멋진 풋처녀의 그 풋풋한 모습 이눈에 선합니다. 아 내가 사랑했던 그 가시내가 오늘따라 보고 싶다.

인연으로 젖어 살기

아침 생과일 쥬스를 만들기 위해
딸기를 다듬는데
매화 꽃 밑에서 자랐는지
매화 꽃 밭을 지나쳐 왔는지
딸기 볼에 매화 꽃잎이
애당초 제 몸에서 피었던 냥
아직 환히 웃고 있습디다.

그늘이 되어 함께 살았거나
무심히 슬쩍 지나쳤거나
한 몸 되어 온 꽃과 열매가
참 이쁩디다.

새삼
내가 모르는 사이
나를 지나쳤을 인연이거나

그가 모르는 사이
내가 기억하는 인연이거나
소중하기 그지없어
함께 그렇게
젖어 살기를 원합니다..
여우생각

2017. 3. 29. 수요일

이경란(독자) / 완전 공감 딸기에 매화 꽃잎!

황의정(독자) / 어쩌면 무심고 지나치는 일들을 이렇게 멋진 글로 표현할 수 있는지.

살만하다는 것은

어느 집에 초상이 났나봅니다.
“고생 고생하다
이제 겨우 살만하니 갔다.”고
서로에게 비보를 알립니다.

신기하게도
살만하니 죽었다는 이야기는
내 어머니 시절에도 그랬고
내 할머니 시절에도 그랬고
누구나가 그랬습니다.

살만하다는 것은 아마도
마냥 달리다가 멈추거나
욕심대로 쫓다가
기다림의 여유가 생길 때가
바로 그 때인 것 같습니다.

반세기 이상을 달리고
무엇으로든
반세기 이상을 채웠으니
여기까지가 마지노선이려니 합니다.

품으로 기다리고
폭으로 내려놓아
살만하게 살기로 해요 우리.
여우생각

2017. 3. 30. 목요일

양선희(독자) / 살만하니 건강하고 매일을 나도 모르게 잠들고 돈 드는 일 아닌 말을 따뜻하게 하면서 삽니다. 근데 이게 쌩판 남일 때 더 잘합니다.

황의정(독자) / 품으로 기다리고 폭으로 내려놓는 여유가 가슴에 와 닿습니다.

기도하는 마음

밤새 비가 내렸습니다.

어릴 적
운동회 전날 밤이나
소풍가는 전날 밤에는
맑은 내일을 위해
간절히 기도했습니다.

누구에게랄 것도 없이
가지런한 무릎과
두 손을 모으고 기도하는 마음이
얼마나 순수했던지요.

종교가 무엇이든
누구를 위한 기도이든
기도하는 마음과

기도하는 모습 만큼
아름다운 것은 없을 것 같습니다.

기도해본지가 언제였는지 모르겠습니다.
소망을 위한
절절한 간구의 기도는 아닐지라도
오늘
평화로운 일상을 기도합니다.
여우기도

2017. 3. 31. 금요일

이재희(독자) / 시인님의 좋은 글에 마음의 양식 쌓아갑니다.
명성열(독자) / 시인님 덕분에 행복하고 즐거운 하루 하루입니다.

감히
자연끼리 사랑하여
피우게 하고
자연끼리 사랑하여
열매 맺도록
지극하고 애틋하게 수고로움을 다했을

봄편지—III

배꽃아래 그 여인

사랑하기 좋은 날

벚꽃 십리길
청사초롱이 매달리고
음식백화점은 축제 따라 와 터를 잡으니
각설이 공연장에 북소리가 터졌습니다.

산중에 홀로 피는 벚꽃은
산중에 꽃이어서 아름답고
구림십리길 벚꽃은
함께 어우러지니 아름답습니다.

꽃을 명분삼아 멍석을 깔고
사람도 함께 피워내니
잠시도 머뭇거리지 않아야 할
사랑하기 좋은 봄날입니다.

오시는 길

진달래나 개나리에게
너무 마음 주지 마시고
일편단심 구림리 벚꽃만 찾아오소서!
여우 기다림

2017. 4. 3. 월요일

이경자(독자) / 박시인님의 마음에 영암사랑이 오롯이 담겨 있습니다.

김병찬(독자) / 굿입니다. 왕인문화축제 홍보 접수합니다.

아픔도 감사입니다

밤새 몸살을 앓았습니다.

봄 꽃 피우느라 힘겨울 때
날마다 따사롭고 맑음만이 아니라
봄 비 살짝 내려 힘이 되듯

지치고 힘든 일상에
몸살을 앓게 하는 것은
더는 상하지 않게 함이려니
이 또한 감사입니다.

아픈 몸이거나 마음이라도
때로는 위로의 방법을 달리하여
치유케 하는 것이니

혹여

오늘 공허한 순간 있으시거든
긴 한숨 한번이 위로가 될 수 있을 것 같습니다.

이토록 감사한 하루를 드립니다.
여우마음

2017. 4. 4. 화요일

백수경(독자) / 한 번은 봄 몸살을 앓고 넘어가야 인간답지요.
김영초(시인) / 몸살 앓지 말아요. 맑은 봄 날 개나리 진달래가 지천입니다. 새파란 하늘 한 번 쳐다보아요.

깊고 온유한 그 사람

마흔이 넘도록
결혼은 생각조차 하지 않고 있는
아들 걱정에
그 어머니 애가 탑니다.

우리 사는 시대에
50에 결혼을 해도 결혼생활 50년인데
애간장 타는 그 어머니
마음만 조급합니다.

사랑이란
젊어서 만나니 사랑이 젊거나
늙어서 만나니 사랑까지 늙어버린 것이 아니라
나이 든 사랑일수록
깊고 여유로우며 온유합니다.

그 어디에 머물러도
신선한 사랑이기에
사랑을 재촉하되
인생을 재촉해서는 아니 될 것 같습니다.

사랑 충만한 하루 드려요.
여우생각

2017. 4. 5. 수요일

김진혁(독자) / 갈 길은 먼데 자꾸 해는 지고 있습니다.
김혜경(시인) / 사십이 넘은 자식도 부모의 근심을 먹고 사는 군요.

모르는 것이 약입니다

곱게곱게 꽃피우라고
따사로운 봄볕으로
얼래고 달래놓고

밤새 도리깨질하듯 비를 뿌리니
어머니 가슴 같은 목련꽃잎
바닥을 치고 드러눕고
소박맞은 며느리 같은 동백
피를 토하고 통째 드러눕는데

멋 모르고 갓 피어난 애기벚꽃은
끝끝내 매달려
꽃으로의 사명을 다하고 있습니다.

밤은 낮을 모르는 척 눈 감아 주고
낮은 밤을 모르는 척 제 갈길 가듯이

하물며
세상사 차라리 모르는 것이
약이 될 때가 있더이다.
여우생각

2017. 4. 6. 목요일

임미화(독자) / 모르는 것이 약이 될 때가 꽉 찼습니다.

고정선(시인) / 갈수록 농익어 가는 삶의 지혜가 풀풀 풍기네요.

김원식(독자) / 글을 읽으며 내가 살던 고향을 생각하게 합니다.

이근모(시인) / 모르는 것이 약이기에 항상 모르는 척 합니다.
척척 비가 옵니다. 마음 우울도 모르는 척 합니다. 고운 날 되세요.

축제장 풍경

퇴근시간 축제장을 경유하려면
교통이 혼잡할 것을 뻔히 알면서도
비집고 들어섰습니다.

걸으면서 오물오물
앉아서도 와작와작
화장 짙은 얼굴에
발그레한 취기까지 뚝뚝 떨어지는
축제장 풍경은
꽃보다 사람이고
사람보다 먹거리입니다.

보리개떡도 귀했던 이맘 때
먹거리가 직신박신 지천입니다.

내 어머니는 35년 전부터

하늘에서 꽃을 피우고 계셨건만
내 어머니의 친구들은
친정엄마가 된 딸과 그 딸의 손을 잡고
꽃구경 나오셨습니다.

가실 때 고움 그대로이신
어머니 한 번 올려다봅니다.

이렇게 축제이야기를 드립니다.
여우드림

2017. 4. 7. 금요일

이상식(독자) / 부모님을 항상 생각하다가도 축제와 같은 특별할 때는 더욱 더 생각나지요. 축제소식 감사합니다.

백수경(독자) / 가슴이 찡하고 먹먹합니다.

외로워도 혼자이고 싶은 날

나흘간의 축제가 끝났습니다.

눈 뜨면 꽃 범벅
발 떼면 사람범벅
마음은 온통 하늘 높이
둥둥 떠 있는데 외롭습니다.

꽃도 잎도 다 떨어진
그 가을과
그 겨울도 괜찮았는데
꽃과 사람이 지천인데
외로움이 더합니다.

온갖
내 안에 든 욕심들이
꽃구경 나간 사이
외로움만 고스란히 남습니다.

주변에 사람이 없어서
외로운 것이 아니라
외로우면
혼자가 되는 것입디다.

외로워도 혼자이고 싶은 날
여우기별

2017. 4. 10. 월요일

위주환(독자) / 외로움의 시간은 한 발 앞 선 생각의 시간입니다.

이애련(독자) / 군중속의 고독이라더니 그 말이 맞나 봅니다.

이근모(시인) / 외롭다는 건 살아있다는 것, 살아 있기에 외로움을 타는것, 탄다는 것은 바람 바람 바람이지요. 바람 되어 봅니다. 여우님도 바람 되어 보시길요.

미안한 이야기

하늘 향해 피는 꽃들이
왜 그리 눈부셨는지
높은 가지에 꽃그늘이
왜 그리 안온하게만 느껴졌는지

그 꽃 올려다보기 위하여
땅을 내려다보고 피는 꽃을
내 두 발로 밟고 있었습니다.

깜짝 놀라
그 낮은 꽃 들여다보기 위하여
허리를 숙이고 자세를 낮추는데
끝끝내
꽁지발 한 번 들어주지 않는
그 도도함이
하염없이 미안하게 합니다.

정말 미안한 하루가 될 것 같습니다.
여우생각

2017. 4. 11. 화요일

홍각희(시인) / 박시인님의 그 사랑에 감동입니다.

이재순(독자) / 사물을 허투루 보지 않고 이렇게 섬세하게 표현해서 행복을 느끼게 하시는군요.

김현숙(아동문학가) / 봄꽃처럼 예쁜님 보고싶지 말입니다.

빈 문서에 그린 그림

한 학급 다 합해도 삼삼오오
전교생을 다 풀어 놓아도
잔디밭 한 귀퉁이 차지하고 놉니다.

운동장 잔디가
파랗게 올라올 채비를 하는데
유난히도 가까이 걸린
사월의 하늘아래
저 아이들의 양분이 될 햇볕이
흘러넘칩니다.

창문 너머 곁눈질로
저 살갑고 아름다운 그림을 끌어다가
하얀 빈 문서에
까만 굴림체로 써 내려가는

이 길목에 까지
사월의 햇볕이 차고도 넘칩니다.

2017. 4. 12. 수요일

이상식(독자) / 시골학교 풍경을 아름답고 리얼하게 표현하셨군요. 아이들만 생각해도 청순한데 잔디도 새 순이 나오면 참 아름다울 것 같습니다.

정연호(독자) / 운동장 잔디가 아이들에 밟혀 죽어갈 때 속상했는데 밟아 줄 아이들이 없어 잔디만 무성하니...

고미선(시인) / 여유로움이 좋습니다.

나의 정부(情夫)

실핏줄 같은 담쟁이넝쿨이
처마를 타고 오르는
낡은 시골집 마당에
비닐로 덮여 있는 경운기는
작동이나 되는 것인지

흙먼지 흠씬 이고 앉아 있는
저 수입자동차는 무슨 사연으로
휑하니 뚫린 간척지 한 가운데
슬프게 버려졌는지

어릴 적 버스를 타는 일은 꿈이었고
추억과 그리움이기에
내 몸 같은 내 정부
옵티마를
구석구석 정성을 다해 씻어 내립니다만

서울 가는 설렘으로
고속도로를 달리거나
농로 타는 출근길을
멋스럽게 동행해주는 내 정부를
나는
너무 극진히 모시는 것은 아닌지 모르겠습니다.
여우생각

2017. 4. 13. 목요일

정연호(독자) / 늘 동행하는 정부 옵티마도 잠시잠깐의 정이라 애틋하게 어루만져주세요.

양명서(독자) / 읍씨 성을 가진 티마씨, 불륜 죄가 폐지됐기로 정부의 이름을 스스로 밝히다니, 발칙한 여우님이시군요,

어머니의 마음

아이가 갓 태어나 엄마를 만날 때
엄마냄새와 목소리
엄마의 심장소리로
얼굴보다 먼저 엄마를 알아봅니다.

부부가 처음 만날 때
얼굴 먼저 익혀서
그 사람의 가슴에서 심장소리를 듣고
그 사람의 목소리에 익숙해져 가고
그렇게 자식을 낳아
다르다고 투정하고
힘들다고 타드락거리며
때로는 고생이라
괴로워했던 세월이 이만큼

그런데

외롭다고 느낄라치면
뿌리 깊은 나무처럼 곁에 서 있고
그립다고 느낄라치면
은근하게 더워지는 군불처럼 누워있다는 사실을
30여년 쯤 살다보니 알겠더이다.

그러니
나는 20년 함께 살다 가신
내 어머니의 깊은 마음은
죽어도 모를 일이더이다.

2017. 4. 14. 금요일

이애련(독자) / 항상 마음속에 맴맴 돌던 와 닿는 글이네요.
백수경(독자) / 짧아서 사무치게 그리운 것이겠지요.
고미선(시인) / 다 아시는 엄마, 잘 산다고 토닥토닥,

배꽃아래 그 여인

산수유와 매화가 지나간 자리
살구꽃과 복사꽃 피었다 질 무렵
국도23번 선을 휘돌아
배꽃 둘러보고 왔습니다.

환하게 핀 배꽃
저 홀로 피워 낸 것 아니라고
배꽃 수정으로 불태웠던
배꽃아래 그 여인의 눈빛이
배꽃보다 더 눈부십디다.
감히
자연끼리 사랑하여
피우게 하고
자연끼리 사랑하여
열매 맺도록
지극하고 애틋하게 수고로움을 다했을

배꽃아래 그 여인의 눈빛이
배꽃보다 더 눈부셔
잔영으로 머무른 아침입니다.

평화로우소서!
여우편지

2017. 4. 17. 월요일

박춘호(독자) / 바쁨 삶속에서 시와 문학을 만들어 내시는 여우편지 늘 맛난 글 배달되기를 원합니다.

정연호(독자) / 이화 도화 스러지면 유채꽃과 청보리의 상큼함이 있어 좋으리.

낮은 곳으로의 고요

출근하기 위하여
신발장을 엽니다.
계절과 날씨에 맞는 신발을 찾습니다.

둘러보니
오래된 신발일수록 하이힐이고
점점 로퍼로 바뀌고 있음이
확연합니다.

느린 듯하면서 걷기에 편하고
편하니 여유롭고
해찰부리면서도 앞서 갈 수 있는
낮은 굽의 매력이었습니다.

그랬습니다.
굽이 높아 더 많은 세상이 보이거나
굽이 낮아 내가 낮아지는 것이 아니기에

오늘
일상으로의 익숙해져가는
낮은 자리와
낮은 곳으로의 고요함이
기막히게 소중하더이다.

여유로운 봄 날 전송합니다.
여우올림

2017. 4. 18. 화요일

신중재(독자) / 동감합니다.

하혜성(독자) / 오늘은 나도 모르게 짜증나고 우울한 날이엇습니다. 이글을 보니 문득 우울한 날의 답을 찾은 듯 위로가 됩니다.

꽃에 대한 배신

환하게 피었다가 그 꽃 질 무렵
한꺼번에 쏟아져라
벚나무 통째 붙잡고
흔들어 버리고 싶었습니다.

지천에 꽃은 피어
외로웠던 가슴도
목말랐던 사랑도
병명도 까닭도 없이
아팠던 무엇인지 모를 그것들
이제는 괜찮습니다.

가만둬도 연초록 풀 피어나고
짙어지는 녹음이
든든하고 짱짱할 것이니
신기라도 받아
자유로이 흔들려 볼랍니다.

꽃에 대한 이 배신을
말하지 않으면 들키지 않음이
참 다행입니다.

평화로우소서!
여우편지

2017. 4. 19. 수요일

이근모(시인) / 세월이길 장사 없는 시간 속에서 고운 글 읽고 감사드립니다.

정인태(시인) / 세월의 흐름을 알게 해 주는 또 하나의 진리입니다.

거울처럼 하늘처럼 살았으면

하늘을 자주 쳐다봅니다.
날씨를 가늠해 보는 일이었건만
높은 하늘을 쳐다보면서
내 맘 나도 모르는
내 마음의 깊이를 가늠해 봅니다.

날마다 몇 번씩 거울을 들여다봅니다.
단정한 옷매무새를 위한 일이었건만
거울 속에 들어있는 내 모습 안에
내게서 잊혀진
추억과 현실이 고스란히 담겨있습니다.

멀리 있는 자녀들을 생각만 해도
곁에 있는 듯
내 세월이 켜켜이 묻어 있어
아이들이 바라보아 쉼터가 될 수 있는

거울처럼 하늘처럼 살았으면
참 좋겠습니다.

안온한 하늘 한 자락 드려요.
여우드림

2017. 4. 20. 목요일

김원식(독자) / 아침편지를 읽을 때마다 어느 조용하거나 확 트인 공간에서 일상을 온전히 멈추고 많은 시간을 공들여 보내시는 느낌으로 읽습니다.

김종숙(독자) / 내 마음도 돌아보게 됨에 감사합니다.

인생 뭐 있나요?

굳은 결심으로 다이어트 중인 내게
"인생 뭐 있어?"
그 친구의 한 마디가
절망적인 것 같으면서
희망적인 것 같으면서
무엇인지 모를
의욕의 메시지로 남습니다.

"인생 뭐 있어?"라는
그 한마디와 함께 달려오는 크리스탈
참았던 소주잔을 덥석 받아
거침없이 마시고 말았습니다.

마치
신기 있는 사람에게서
신 내림 받은 것처럼

나도 모르게
인생이 흥미로워 졌습니다.
인생이 괜찮아 졌습니다.

인생 뭐 있나요?
여우이야기

2017. 4. 21. 금요일

김종숙(독자) / 초록으로 아름다운 오늘도 좋은 글 받아 행복합니다.

양명서(독자) / 무심코 던졌을 한 마디가 술잔에 소주 흔들리 듯 여우를 흔들어버렸네요.

삶은 다 지나가는 것입디다

삶은 다 지나가는 것입디다.

뜨겁거나 따사롭거나
햇살로 지나가고
소란스럽거나 잔잔하거나
바람으로 지나가듯

힘들거나 어렵거나
가슴 치는 아픔도
삶으로 다 지나가는 것입디다.

부딪히고 도려내고
그것이 정의라 했던 열정도
다 지나가는 삶일 것이니

우세두세 도란거리며

토닥토닥 다독이며
데만데만 품어 살아
말랑말랑하게
삶을 지나가야 할 일입니다.
여우생각

2017. 4. 24. 월요일

백수경(독자) / 삶에 위로가 되는 글입니다.

최순희(독자) / 날마다 이렇게 멋진 글로 안부 주시니 참 좋습니다.

꽃 같은 사람

해질녘
귀가하는 남편 손에
후리지아 한 가득입니다.

마땅한 화병이 없어
텀블러 뚜껑을 열고
그 곳에 앉혔습니다.

세상에
꽃 같은 사람들이
서로에게 젖어 사는 동안
서로에게 아름다운 배경이 된다는 것은
참 멋진 일입니다.

멋진 하루 드려요.
여우드림

2017. 4. 25. 화요일

박혜숙(독자) / 멋진 아내 멋진 남편입니다.

박응선(독자) / 봄별 따사로운 날 행복한 가정의 모습 선물해 주셔서 잘 받았습니다.

이경자(독자) / 여우님의 시는 사치스럽지 않고 삶이 통째 걸어옵니다. 귀하신 당신이 나의 지인이어서 참 좋습니다.

사람의 향기

거닐기에 낭만이 있고
차창으로 내려다보기에
콧노래 흥얼거리도록
스스로 풍경이 되는 것은 없습니다.

씨앗이 누울 자리를 마련하기 위하여
트랙터가 흙을 떨구고
모종이 설 자리를 다듬기 위하여
고랑과 두둑이 완성되는
풍경보다 더 아름다운
풍경을 만드는 사람들이 있습니다.

햇살과 바람도
서로 등을 기대어 풍경을 만드는
이 계절
사람의 향기가 머무는 곳에

연초록 쉼 호흡 한 자락이
풍경이 되기를 기도합니다.
여우기도

2017. 4. 26. 수요일

임미화(독자) / 복 받은 그대여. 어쩌면 한 가지를 보고 열 가지, 스무 가지를 떠올려 글로써 표현이 되는지.

이화선(독자) / 매력덩어리 월출산여우님, 감사합니다.

최영복(시인) / 굿 모닝! 해맑은 아침을 곱게 가져다준 아침편지 감사합니다. 컨디션 조절 잘하시고 활짝 웃는 멋진 모습으로 소중한 하루 열어가시길

사월 햇살을 드립니다

사월의 햇살이
잔디 속으로
자세히 파고드는 운동장에
아이들이 연초록 풀잎처럼
뒹굽니다.

그 모습 바라보며
벚나무 그늘에 앉아
무심코 내 손등 내려다보니
저맘때
밥물을 가늠하던 주름과
보리를 베고
볏단을 묶던 힘줄이
나이테 위에 누워
휴식을 취하고 있습니다.

실핏줄까지 평화롭게 빛나는

사월 햇살 드려요.

여우드림

2017. 4. 27. 목요일

이애련(독자) / 손등에 쭈글거리는 주름도 표현이 좋아 아름답게 보이네요.

박혜숙(독자) / 초등학교 전경이 박시인 처럼 훤히 그려집니다.

장윤호(시인) / 우리집 베란다에 고추와 방울토마토를 심었다.아침마다 일어나서 인사할 벗이 생긴 것이다. 더러는 고추따서 아침먹고 가지따서 간식먹고 토마토는 후식이 되리라. 그 집은 텃밭이 있어서 좋겠다.

텃밭 이야기

가지와 상추가
이름표를 달았습니다.
고춧잎 사이로 내미는
연두색 덧니 같은 이름이
종종종 사랑스럽습니다.

이름을 빌려 주고
눈 부비며 달려와
눈도 맞추고 볼도 맞추며
어제 밤 꿈 이야기를 펼쳐놓을
우리학교 텃밭입니다.

어른 되어 싱싱한 푸성귀 만나면
텃밭에 두었던
이름표와 꿈 자락이
잊지 않고 말해 줄 것입니다.

어릴 적 이 아름다운 추억들을.

여우네학교 텃밭이야기 전합니다.

2017. 4. 28. 금요일

이상식(독자) / 새싹들이 이름표 보고 신기하다 할 것 같습니다.

이애련(독자) / 글만 읽어도 행복이 눈에 보입니다.

세월이 흐르고 있다는 허무보다
꽃이 다시 피우기를 기다리는
기다림은 일상의 매력입니다.
기다림은 희망입니다.

봄편지—Ⅳ

기다림은 희망입니다

임진각에서

연휴 첫날
임진각에 다녀왔습니다.

그리움이 너무 길면
정녕 할 말을 잃고 맙니다.

할 말이 너무 많아
심장까지 차고 넘치면
정녕
말문이 막힙니다.

내 발등 찍고 싶도록
가지 말아야 할 길까지도
내 명령 한 마디면
약도까지 내 보이며
나의 멘토가 되어 주던 그녀가
말문이 막혔습니다.

슬프다가 기막힌
한이 되었다가 목이메인
임진각 앞에서
네비게이션 그녀까지도
말문이 막히고 말았습니다.

2017. 5. 4. 목요일

김규택(독자) / 황해도가 고향이 울 아부지도 고향 그리워 자주 가셨답니다.

김시웅(독자) / 우리 아버지가 고향을 그리워하시던 곳

아버지는 희망입니다

연휴 둘째날

폐광이 되기 전에
폐인이 되신
그 시절 아버지의 나라

빛과 어둠의 판타지를
플레시로 일궈 놓은
이 나라 아버지들의 보석
광명동굴에 다녀왔습니다.

수 만 번의 고갱이질에
목숨을 저당하고
이팝나무꽃 같은
처자식의 하얀 웃음을 위해
단물 같은 눈물을 캤을

그 곳 광명동굴에서
우리들의 아버지를 만나고 왔습니다.

자식이 희망인 것처럼
끝까지
아버지는 희망입니다.

2017. 5. 5. 금요일

이상연(독자) / 아버지들의 고달픈 삶에 눈물이 납니다.
홍각희(시인) / 파란하늘, 광명동굴, 임진각 부럽습니다.

역사가 된 사람들

연휴 셋째날에는
지천명에 이른 일상과 추억이
파주 한국근현대사 박물관까지 와서
소리 없이 앉아 있습디다.

가난이라기보다는
달달한 그리움과
내 손때 묻은 골동품들이
낯설지 않게 앉아 있습디다.

여전히 세월은 흐르고
자녀들에게 나는
그리고
우리는 이미 역사가 되어있었습니다.

이 순간의 역사까지

화려하게 만들어가요 우리.

여우바람

2017. 5. 6. 토요일

임미화(독자) / 모처럼 일상에서 벗어나 유익한 여행 되셨군요.

이근모(시인) / 순간이 역사를 화려하게 가꾸는 그대는 진정한 여우입니다.

정순화(시인) / 조금만 들여다보면 지혜를 보는 눈이 있어 감탄하고 받아들여야 할 것들이 너무 많습니다.

장윤호(시인) / 오월 아카시아꽃이 뒷산 자락에 피었다. 출근길 흰 꽃에 자꾸 눈이 간다. 가슴속에서 오월이면 그 향 맡자고 조름을 어쩌랴. 이쁜 꽃 향기도 보낼 수 있었으면 좋겠다. 징검연휴 좋은시간 보내고 계시네.

카네이션 한 바구니

내게
엄마라는 이름을 불러주어
가슴 뭉클하게 했던 아이가

색종이로 꽃을 접어다가
가슴에 달아주어
흐뭇하게 했던 아이가

내 돈으로
카네이션 한 송이 사다가
가슴에 꽂아주던 아이가
그토록 대견하더니

스스로 돈 벌어 보내 온
카네이션 한 바구니가
가슴이 아립니다.

부모는 다 이런 것인가 봅니다.
여우생각

2017. 5. 8. 월요일

김재균(독자) / 때마다 새로운 느낌과 감정으로 세상을 바라보는 여우님 생각과 창작활동이 늘 감동입니다.

김해원(독자) / 매일 매일 좋은 글 감사합니다.

최영복(시인) / 좋은 아침입니다. 어버이날 감사의 마음을 실천하는 한달 가족사랑이 장미처럼 아름다운 달 되세요. 월요일 파이팅입니다.

기다림은 희망입니다

화장을 하고
한 가닥의 머리카락까지
정돈하여
기다림과 나란히 출근을 합니다.

기다림이 가득한 집이거나
기다림이 간절한 사람의 마음은
참 따뜻하고
그지없이 그윽합니다.

세월이 흐르고 있다는 허무보다
꽃이 다시 피우기를 기다리는

기다림은 일상의 매력입니다.
기다림은 희망입니다.
여우생각

2017. 5. 10. 수요일

강현웅(독자) / 피어나는 작가님의 내면이 부럽습니다.

송인근(독자) / 날마다 고운 정성 감사합니다.

장윤호(시인) / 햇살좋은 날 늦봄 따사로운 기온, 몸을 따뜻하게 덥힌다. 오늘 점심쯤은 여우시인이랑 함께 먹고 싶다.

향기 가득한 날

라일락 향기가
늦은 봄날을 실감케 하는
오늘 같은 날

두 눈 감고도
멀리 있어도
크림색이 예감되는
오월의 브랜드 향기
아카시아 시절입니다.

산중에 홀로 피어
흐드러지다 흐드러지다
흐르고 넘치는 저 향기에
차마
내가 견딜 수 없어

작년 가을
아들아이가 보내 준
내 향기
아메스트 향수 살짝 뿌려봅니다.

향기 가득한 주말 드려요.
여우드림

2017. 5. 13. 토요일

임선우(독자) / 아름다운 시어 아름다운 생각 늘 감사합니다.
여희준(독자) / 항상 시적인 일상과 고운 글에 감동입니다.

익숙한 향기

아침 출근길에 지인으로부터
차 한 잔을 대접받았습니다.

흔한 커피가 아님에도 불구하고
혀끝에 멈추어
마치
오래 전부터 인이 박힌 맛처럼
익숙한 향기와 함께
입안에 찰싹 붙는 느낌이었습니다.

사람이라면
어디선가 본 듯한
알 것 같은 사람이거나
처음이면서
항상 서로였던 것 같은
편안한 느낌이었습니다.

오늘
휴대용 물병에까지 채워주신 그 차에
온종일 입을 적십니다.
여우일기

2017. 5. 15. 월요일

곽성구(독자) / 내 입이 환해지네요.
송수아(독자) / 지인의 고운 마음씨가 입가에 미소를 선사한 듯.

오월의 풍경

오월은
올 때마다 신기하고
가는 것도 새롭습니다.

수선스러운 딱따구리거나
품위 있게 존재감을 알리는 뻐꾸기거나
그 아래
자분자분 피어오르는 토끼풀과
이미
무덤꼭대기에 쓰러진 아카시아 꽃잎까지도
아무렇지 않게 어울리고
섞여 있어도 자연스러운
오월의 풍경이 신기합니다.

그로인하여
가슴까지 파고드는 오월햇살 때문에

나른했다가
속살까지 불 지르고 덤비는 오월햇살 때문에
진짜 사랑인 줄 알고
나도 함께 덤비는

나도 내가 이럴 줄 몰랐습니다.

날마다 새롭기를 원합니다.
여우편지

2017. 5. 16. 화요일

곽성구(독자) / 여우님은 열정과 사랑이 충만하게 불타오르시네요.

김종숙(독자) / 주옥같은 마음과 글귀 항상 감사하며 읽습니다.
부럽고 대단하십니다.

임미화(독자) / 덤벼들 수있다는 마음이 있다는 것. 좋습니다.

바람이 지나가는 길

햇살 곱고 잔잔한 듯하지만
높은 자리 플라타너스 잎이 흔들리고
낮은 자리 클로버 잎이 살랑거리고
보이지 않게
바람이 지나가고 있는 중입니다.

수런수런 불어와 친구도 되었다가
고요한 실바람으로 눈물도 되었다가
서로서로
흔들고 흔들리며 살아가는 것

폭풍에 몰아치다가
순풍에 흐르다가
우리는
영원히 끝나지 않을 바람 속을
흔들리며 살아가는 것입니다.

순풍으로 잔잔한 하루 드려요.

여우드림

2017. 5. 18. 목요일

문제덕(독자) / 바람 속에서 정감까지 느낍니다.

구연순(독자) / 글이 참 예뻐요.

이애련(독자) / 시인님도 여류롭고 잔잔한 하루 되시기를...

슬프다가 가엽다가 부끄럽습니다

행복은 만족이며
사랑은 정이라는데
행복
그 만족을 위하여
사십년 지기 사랑
그 정을 배신한
영화 같은 이야기를
지켜볼 수밖에 없는 현실이
차마 슬픔입니다.

밉다가 가여운데
그 여자는 변하지 않고
그 자리에 그대로 있음이
차마 안타까움입니다.

온 국민이

함께 극복해야 할 이 부끄러움을
단 한 줄의 시로 쓰고 있는 내가
참 부끄럽습니다.

(5월 23일 박근혜 전 대통령 첫 공판)
여우생각

2017. 5. 24. 수요일

문재덕(독자) / 우정은 깨지기 쉬워 더 소중하다는 말을 떠올리게 합니다.

박금희(독자) / 공감하는 글입니다.

멀구슬나무 꽃 만나거든

풍향계마저 볕을 따라 돌아갈 만큼
오월의 끝자락이 뜨거워
초록 잎도 무색한
멀구슬나무 보랏빛 꽃그늘에
자동차를 세우고 문 살짝 열어두니
자리마다 무더기로 들어 앉아
향기에 취해 울어도 좋을
꽃방석입니다.

들판이거나
산자락이거나
꽃향기 지천이라지만
향기로 오는 추억이거나
향기로 오는 그리움이거나
차마
향기로 오는 아픔까지도 소중한
멀구슬나무 보랏빛 꽃향기입니다.

혹여
지나는 길에
멀구슬나무 꽃 만나거든
아는 척 반겨주소서.
여우바람

2017. 5. 26. 금요일

이미옥(독자) / 짧은 글에 가슴으로 많은 울림을 받습니다.

이한진(독자) / 온전히 맑은 영혼으로 아름다운 세상을 꿈꾸어 봅니다.

짧은 동거

세월이 가든지 말든지
그이는 늘 신선했습니다.

내 고단함이 크던지 작던지
온 몸 기대어도 좋을
든든한 그늘이었습니다.

자칫
그 품에 쓰러져도 좋겠다 싶은데
슬그머니 떠날 채비를 합니다.

가슴으로 파고들었던
향기까지 거두어 가겠다합니다.

5월
그이와의 짧은 동거가

아직 아련한데 말입니다.

2017. 5. 29. 월요일

김원식(독자) / 우리는 가난에서 출발한 사람이라 더 좋습니다. 생활 속에 없는 감격과 감동을 시인님의 글 속에서 찾아갑니다.

정병학(독자) / 가슴에 와 닫는 글이네요.

김승룡(독자) / 주변에서 날마다 좋은 시를 보내주시는 지인이 계시니 참 행복합니다.

여름편지

이 세상
나는 무엇으로 사는가?
세월을 너무 낭비하는 것은 아닌지!
그랬는데
생각해보니
그러면서
내 생각과 마음은 여물고 있었으니

여름편지—I

마음이 여무는 일

안부편지

한 차례 비 좀 내렸다하여
가을 묻은 바람이
더 맛깔스럽게 살고 싶은
욕망으로 스미는 아침입니다.

떠날 채비하는 더위에 지쳐
문득
잠시 뜸했던 내 가까운 지인들의
안부가 궁굼 해지는 이런 날

여전히
평화로우시기를 바라는
여우마음 전송합니다.

2015. 8. 12. 수요일

김양호(시인) / 가을이 일어서고 있습니다. 늦더위 지나가야지요.

이경아(독자) / 여름이 다 가버린 것 같은 오늘. 바삐 보내고 소식 접하니 반가운 마음이 큽니다. 계절에 알맞은 안부인사 감사합니다.

최춘호(독자) / 여우님의 잔잔한 일상속의 여유가 느껴집니다.

이애련(독자) / 어쩌면 글을 이렇게도 맛깔스럽게 마음에 와 닿게 잘 쓰는지 몰라.

붙잡아 둔 허무

유월이 와서 좋다고 쓰고
녹빛 초록이 좋다고 쓰고,
노을빛이 아름답다고 쓰고,
내 나이 이맘때가
그지없이 소중하다고
편지를 써서 보내 놓고는

메시지 전송되고 난 빈 여백에
좋은 것도,
싱그러운 것도,
소중한 것도
다 날아 가버린 허무를 붙잡습니다.

거기
오늘이 추억으로 남을

아름다운 날 되소서!
여우안부

2016. 6. 2. 목요일

김영천(시인) / 감동! 천상 시인이네 그대는

백수경(독자) / 늘 새롭게 고급지고 문화적 언어를 늘 받아 감사합니다.

가슴에 가득해지는 사람

그 해 유월
내 집 마련해 이사 오던 날
마당에 훤하게 피어 있던 백합이
분명 해마다 그 자리에서 피워 냈건만
꽃이 지면 잊혀 졌다가
꽃이 피면 처음 본 듯 반갑고
내 가슴에는 더 많은 꽃이 무더기로 피어납니다.

오늘은 나도 그대에게서 잊혀지고 싶습니다.
그러다가
문득 만나면
처음 본 듯 반가운 사람이고 싶습니다.
문득 생각나면
그대 가슴에 가득해지는 사람이고 싶습니다.
여우바람

2016. 6. 8. 수요일

설혜영(독자) / 가슴 한 켠, 찡 하디 찡해 옵니다.
그래도 웃으실거죠?

김신자(독자) / 글 문장, 낱말 하나 하나가 살살 녹습니다.

이매훈(수필가) / 매일 보내주시는 좋은 글에 마음을 기대어봅니다.

위주환(독자) / 인연이 시작은 우연으로 시작되어 넉넉한 인연으로 지속되는 인연이 진정으로 가슴가득해지는 인연의 의미겠지요. 좋은 글 늘 감사합니다.

마음이 여무는 일

낮 술 마시고 그 술에 흠씬 취해서
낮잠에 취하고
새벽 같이 사우나 와서
다시 온정신 되찾아
또 다시 낮 술 생각이 나면
이 세상
나는 무엇으로 사는가?
세월을 너무 낭비하는 것은 아닌지!
그랬는데

생각해보니
그러면서
내 생각과 마음은 여물고 있었으니

자고 일어나
다시

자고 일어나는 것
결코 낭비는 아닌 듯 합니다.
여우생각

2016. 6. 11. 토요일

임영열(독자) / 세월따라 농염해지는 감성의 깊이, 세상을 바라보는 한 층 관대하고 물렁물렁해지는 늙은 여류작가의 눈, 여우의 은밀한 자아입니다.

신지영(시인) / 여우의 여유, 괜찮네요.

무심히 흐른 세월

주말인 어제는 친정동네를 투어 했습니다.

부잣집 노동댁네 그 대궐 같던 집이
흔적도 없이 빈 터만 남아있고
팽나무 고목 껴안고
동네 중심지였던 흑산댁 마당 귀퉁이에는
잡풀만 우- 하니 살고 있고
유년의 기억이 살아있는 내 외갓집은
아에 대문조차 잠겨 있습디다.

문틈으로 빼꼼히 들여다보니
늙은 고양이 한 마리가
주인인 냥 긴 토방 다 차지하고 누워있어
까닭 없이 가슴에 고이는 눈물
보리밥처럼
서숙밥처럼 삼키고 돌아왔습니다.

그리고는
친정 부모님 산소에 빈손으로 갔던 길
돌아오는 길에 내가 마시려 술사고 안주 사서
눅눅한 가슴으로 목을 적시고
석양한 번 쳐다보니
어느 덧 해가 저물었습니다.

세상의 무심함 속에 흘러가버린 세월 같습니다.
여우생각

2016. 6. 12. 일요일

임영열(독자) / 아름다운 폐허, 삶의 덧없음을 느끼는 투어였군요. 휴일! 늘어지게 자고 일어나서 이런 호사라니 그대는 내 휴일입니다.

황의정(독자) / 글이 그림처럼 예쁘다는 생각이 듭니다.

폰이 품고 있는 인연

오늘
내 폰 연락처 목록에서
풋감처럼 떨어져 고인 되신
지인의 전화번호를 발견했습니다.
어느새 내 깊은 가슴에서 빠져나간 그 분을
내 폰은 아직 품고 있었습니다.

오늘
그 번호를 삭제 했습니다.
그 분과 오고 갔던 내 삶이 삭제되었습니다.

오늘은
새로운 인연으로 새로운 삶이
또 시작될 것 같습니다.

우리

만나는 사람마다 날마다 처음인 듯
새롭기를 기도드리며
고운하루 함께 드려요.
여우안부

2016. 6. 17. 금요일

박부도김(시인) / 만나면 즐거운 사람끼리의 자리는 즐겁습니다. 만남을 차일피일 미루다가는 바쁘게 흐르는 세월에 묻힐 것 같기에...

권개화 (독자) / "우리 만나는 사람마다 처음인 듯 새롭기를 기도한다."는 말이 참 와 닿네요.

김영천(시인) / 혹시 내 번호는 아니겠지?

건조하지 않은 일상

내 어릴 적 장마가 오면
옛 초가지붕에 이름 모를 버섯이 자라고
굼벵이가 스멀거리며
마당에서 뛰어올라간 민들레 홀씨가
황홀한 꿈을 꾸는 것을 보았습니다.
아궁이에 고인 빗물을 당글개로 긁어 퍼냈던
그 옛 집의 임종도 보았습니다.

그 때
장독대에 서 있던 매실나무 무너지는 향기와
무화과나무 쓰러지는 향기와
싱싱한 흙냄새가 장마철 홍수인 듯
철철 넘치고 있었습니다.
홍수 속에서도 죽지 않을 그 곳.

오늘부터 장마라기에

출근길에 제습기를 가동해 두었습니다.
지금 내 일상처럼
너무 건조하지 않았으면 좋겠습니다.

더위보다 장마에
건강! 챙기시게요.
여우바람

2016. 6. 20. 월요일

조강국(시인) / 시인님의 마음을 읽고 나니 내 어린 시절이 많이 생각나는군요.

공혜경(독자) / 잊어버렸던 추억과 옛 생각이 납니다.

그리움도 고생입니다

오늘은
낮이 가장 길다는 하지랍니다.
북극지방에서는 하루 종일 해가지지 않으며
남극에서는 수평선 위에 해가 나타나지 않는다 합니다.

남극의 하지처럼
여우하늘도 며칠이건 해가 뜨지 않는다면
그리움도 잠들 수 있겠지요?

그리움도 고생입니다.
평화로우소서!
여우바람

2016. 6. 21. 화요일

임영열(독자) / 그런 말 마셔요. 그대는 끝끝내 마침표를 찍을 수 없는 그리움입니다. 꽃이 아름다운 것은 곧 사라지기 때문이지요. 남극의 하지처럼, 북극의 하지 처럼 사시 사철 피어 있다면 지겨울 일이지요.

김석중(소설가) / 해가 뜨지 않은 어둠의 시간이라면 적막! 그 행간에서 무수한 사람, 사물, 사연들이 사무치는 그리움으로 다가올 것을...하여 그리움도 행복입니다.

살구

어제
지인을 만나 살구를 받았습니다.

향수가 묻어 있는 정겨운 살구를 보고
하마터면
이 세상 밖으로 출타하신
아버지 전화번호를 누를 뻔 했습니다.

그리고
살구 담겨진 팩 열어보니
아버지와 함께 했던 추억은 온데간데없고
가슴만 아립니다.

아버지! 보고 싶습니다.

여우그리움.

2016. 6. 23. 목요일

안계홍(시인) / 님의 글을 읽으니 저도 아버지가 생각나고 그리움에 이슬 젖은 눈가 들킬세라 고개 들어 먼 산 바라봅니다. 살구가 아버지를 생각나게 했네요. 그리움과 추억이 있는 사람은 외롭지 않답니다.

김석중(소설가) / 입에 침이 고입니다. 설익어 모질게 시디 신 살구를 맛있게 잡수시던... 이 유월의 좋은 날에 사부의 처연함을 불러일으키는 여우, 못됐다.

홍향숙(시인) / 좋은 글 보면서 그리움 달래고 있습니다.

목마름을 헤아리며

자동차에 엔진오일 체크 비상불이 들어왔습니다.
목이 말라 드디어 화가 난 듯합니다.
카센타에 가보니 무리한 주행으로 인한
위급한 상황이라 합니다.

나와 한 몸 되어 십 여 년을 달렸건만
감사나 호사는 아니라도
목마름 하나 알아주지 못해
엔진에 불이 날 만큼 화가 나다니
미안해졌습니다.

오늘은
가까운 지인의 목마름을
살짝 헤아려보기로 합니다.
그리고
말로하지 않아도 알아서 채워줄 수 있는

따뜻한 사람이고 싶습니다.

넉넉한 하루 전송합니다.

여우생각

2016. 6. 29. 수요일

서정환 (독자) / 저도 가족이 고민이 있음을 알면서도 도움주지 못한 적이 많습니다, 시인님처럼 주위 한 번 둘러보아야 하겠습니다.

차행득(시인) / 지쳐있는 자동차에 여우님의 맘을 투영시킨 항상 따뜻하고 고운 마음입니다.

홍향숙(시인) / 편지 읽고 저도 엔진오일 확인하러 왔습니다.

백수경(독자) / 시인님의 글을 읽고 나도 오일교환 하러 왔습니다.

김영천(시인) / 덕분에 갈증 해소 했어요. 고마워요.

온종일 이글거리던 빛을
온 몸으로 품고
드디어 고요로 펴 내놓은
어제 그 석양은
차마 슬프도록 아름다웠습니다.

여름편지—II

석양처럼 아름답기를

내가 나를 대접하는 열정

주말
내가 나를 대접하기 위하여
장맛비속에 안주와 참이슬을 준비했습니다.

그리고
그리움과 섭섭함과 꾸질꾸질함과 아름다움을 섞어
휘-둘러
목젖 한 번 살짝 흔들어 주니
이 세상을 다 이해하고도
남음으로 철철 넘치더이다.

만약에
이러한 열정이거나 의욕조차 없었다면
누구에게 대접 받고자 하는 마음만 천 길이어서
누구랄 것 없이 섭섭했겠지요?

참 다행입니다.
내가 나를 대접하는 이 뜨거운 열정이
정말 다행입니다.

습도도 불쾌지수도 높은 오늘
내가 나를 대접하는 날로 맹글어 가시게요.
여우생각

2016. 7. 4. 월요일

이애련(독자) / 부침개와 텁텁한 동동주 한 잔 대접해야 겠네요. 나에게 말입니다.

김혜경(시인) / 내가 나를 소중하게 여기는 마음이 예쁩니다.

토닥임

장마철이니
간혹
비바람 몰아칠 수 있다 칩시다.
덩달아 일어서는
내 마음 깊은 곳에 이는 바람은 무엇이던가요?

스스로 태우는 빛이거나
스스로 녹이는 소금도 아닌 것이
함께 흔들리고 싶은 바람으로
척척했다가 눅눅했다가
이 어수선한 일기에 버무려지고 있습니다.

이는 바람에
태풍으로 몰아쳐도 좋을
괜찮아! 괜찮아! 라는 토닥임으로

고슬고슬한 하루 만들어가요. 우리!
여우바람

2016. 7. 5. 화요일

봉성희(시인) / 제습기 같은 글입니다.

오동학(독자) / 주옥 같은 말씀이 마음에 와 닫아 공감합니다.

위주한(독자) / 폭우가 쏟아질 때는 정신이 맑아진다네요. 어제도 폭우, 심난한 마음까지 게운하게 하네요. 좋은하루 되세요.

장윤호(시인) / 잊고 산 것들이 많다. 세월호의 아픔을 되새김질하는 울음에 걸음을 옮겼다. 학교폭력 추방 예방을 위한 대 책수립에도 참여한다.그리고 여전히 바빠서 숨소리도 들려줄 수 없는 여우에게 편지를 쓴다.부디 오늘도 평화를!

애국자가 되어

어제는
중학생을 대상으로 강의시간을 가졌습니다.

늘 초등학생들과 함께 살고 있으니
한 울타리에서
같은 역사를 만들고 있다고 생각했었는데
우리세대의 이야기는 이미
깊은 역사가 되어버렸다는 사실을 알았습니다.

시절이 다르다 하여
언어가 다르고
이해가 다르고
그 다름을 보듬어 주기에는
무리함을 느끼고 있었으니

순수와 젊음과

그리고
다름까지도 모두가 긍정이었으면
참 좋겠습니다.

오늘은 문득
애국자가 되어
대한민국을 걱정해 보기로 합니다.

2016. 7. 8. 금요일

임영열(독자) / 이미 물질적, 시각적, 표피적 삶에 길들여진 시대입니다. 죽은 시인의 사회입니다.

양선희(독자) / 10대와 같은 공간에서 숨 쉬고 앉아 있다는 것이 다행이고 위안입니다.

대접하고 싶은 사람

술은
살짝 배가 고플 때
좋아하는 지인과 마주보고
술값은 내가 낸다는 전제 하에 마셔야
가장 맛있습니다.

무엇이라도 그러하리라 싶습니다.
살짝 부족함이 좋고
함께 있다는 것이 좋고
대접받는 것보다
대접하는 것이 더 행복하다는 것이겠지요?

오늘은
욕심 닮은 일상은 버리기로 합니다.
그리운 지인들께 안부편지라도 보내기로 합니다.
그리고

해질녘에는 술 한 잔 대접하고 싶은 사람이
불쑥 다가왔으면 좋겠습니다.

지치지 않는 여름 전송합니다.
여우안부

2016. 7. 18. 월요일

양선희 (독자) / 술이 주스 같을 때도 있습니다. 한 여름에 단풍도 듭디다.

차행득(시인) / 술 맛보다 더 얼큰한 여우님의 안부에 취하는 저녁입니다.

할머니 표 삶

슬그머니 초복이 지나가더니
정말 덥습니다.

그 날 끓인 여우네 장어탕은
아직 바닥이 보이지 않고

이렇게
둘이 사는 집에서는
작은 냄비도 오래갑니다.

할머니표 삶이
슬그머니 내게 다가와
이 또한 넉넉한 삶이려니 합니다.

일기와 상관없이

풍성한 하루 드려요.

여우바람

2016. 7. 20. 수요일

이보영 (시조시인) / 행복한 향기가 풍겨 오네요.

박문정(독자) / 혼자 사는 저는 냄비에 불어터진 라면발이...

장윤호(시인) / 자고로 더워야 여름이다. 할머니는 늘 그랬다. 군데군데 구멍 난 런닝구는 바람구멍인 줄 알았다. 낡아서 찢어지고 늘어져 젖가슴이 나왔어도 할머니의 가슴은 그런 것 인줄 알았다. 풀향 그윽한 모깃불 피우고 매미소리에 박자 맞춘 할머니의 부채질에 잠이 든 와상의 여름밤은 덥지 않았다. 여우도 할머니 되었구나.

어른 되지 말 것을

오늘은
곡성역에서 기차를 탔습니다.

그 시절
무궁화호랄지 비둘기호를 기억하며
널널한 빈자리를 두고도
입석으로 섬진강도 내려다보고

가끔 울려주는 기적소리가
향수의 그림자입니다.

남아있는 코스를 거칠 때마다
추억으로 남겨질 줄 알았더라면
어른 되지 말 것을

오늘

이 자리에서 행복하기
여우생각

2016. 7. 21. 목요일

신지영(시인) / 나도 비둘기호 타고 어디든 가고 싶다.

김영천(시인) / 좀 더 길었으면 할 정도로 좀 짧긴 하지만 좋은 추억 만들어 오시게.

이경자(독자) / 여우님의 삶에 들어가 보는 편지에 늘 감사드려요. 바람 불어 좋은 해질녘입니다.

장윤호(시인) / 순천은 참 좋다. 어젯밤 선풍기 없이도 잠을 자고 아침도 선선하여 아열대 그런거 우리는 모르는 일.

석양처럼 아름답기를

혹시 어제
석양빛 노을 보셨나요?

온종일 이글거리던 빛을
온 몸으로 품고
드디어 고요로 펴 내놓은
어제 그 석양은
차마 슬프도록 아름다웠습니다.

한 생애 끝자락이
그랬으면 참 좋겠다는 생각을 했습니다.

붉은 입숙 꽉 다물고
여름과 함께 익어가니
가을빛 참 찬란하겠지요?

이 여름
잘 견뎌 보시게요.
여우안부

2016. 7. 25. 월요일

김재선(시인) / 어쩜 나와 똑 같은 생각을 하셨남? 완도에서 황혼인 생처럼 아름답지만 처연한 슬픔이 미어지는 듯한 석양을 보았지요.

우승희(독자) / 멋진 시입니다. 이 여름 석양 노을처럼 후회 없는 시간을 보내야겠습니다.

위주환(독자) / 밖에 나가면 많이 뜨겁네요. 짜증도 나고요. 이럴 때는 소나기도 안와요. 여름철 몸관리 잘 하게요.

이근모(시인) / 견디다 보면 그 견딤은 아름답기 마련, 주신 소식 늘반갑게 맞이합니다.

나를 지켜보는 것들

전교생이
올망졸망 심어 가꾸어 놓은
고추며 상추며 토마토가
방학하고 둥지 찾아 간 아이들 소리 없이도
이 더위에도 잘 견뎌주고 있습니다.

오늘 출근해서는
고추 몇 개 따러 텃밭에 발을 내 딛는 순간
저 높은 건물위에서 두 눈 동그랗게 뜨고
빤히 내려다보고 있는 cctv와 눈이 마주쳤습니다.

섬뜩했습니다.
그렇습니다.
하늘아래 나를 지켜보는 것이
저 cctv뿐이겠습니까?

오늘
좀 더 잘 살아보려 마음 다잡으며
고운마음으로 평화로운 하루 전송합니다.
여우마음

2016. 7. 26. 화요일

박혜숙(독자) / 오늘은 지면 가득 감사로 덮고 싶은 마음이네. 오늘도 편지 읽으며 미소 가득 내내 행복할 조짐!

김재선(시인) / 옛날 내 모습 한 컷 선하네요. 여우님의 행복한 시간이 전해오구요.

내가 나에게 주는 상

"먹거리는 아껴도 일은 아끼지 마라"며
내가 떡잎 같을 때부터
그토록 일을 가르치시더니
일찌감치 딴 세상 택해 가신 울 엄마

그 후
친정엄마가 다해 준다는
고급진 여인들이 참으로 부러웠습니다.

어제는
파김치며 열무김치를
내 입맛에 맞추어 담아 놓고
쌀밥 한 그릇 마주하니
짠하게 자라서도 대견한
내 자신에게 상을 주고 싶어졌습니다.

요즘 같은 더위에
콩밭고랑에 수건 쓴 어머니 생각으로
살짝 쉬어가시게요.
여우생각

2016. 7. 27. 수요일

오성수(시인) / 오늘 여우 때문에 먹먹해진 가슴 한 줄기 눈물이다 못해 오늘은 두 분 나란히 잠든 묘비라도 찾아 뵈야겠네요.

이매훈(수필가) / 그대의 글을 읽다가 눈시울이 젖을 때가 많습니다. 울컥 설움에 울음을 삼킬 때도 있습니다. 공감되는 어머니 이야기엔 더욱 그렇습니다.

거꾸로 생각

최근 여우네 싱크대 위에는
검은 머리를 풀고 거꾸로 서 있는 이가 있습니다.
그를 볼 때마다 겁이 많은 나는
무섬증이 와락 덮쳐 소스라치게 놀랍니다.

어쩌다 물이라도 몇 방울 튕길라치면
시커먼 물이 뚝뚝 떨어지는 것 까지
소름이 끼칩니다.

퇴직한 남편이 서예를 시작하여
쓰고 난 후 씻어 걸어 둔 서예 붓,

하물며
내 지인의 누군가 사람의 정도를 거슬러
거꾸로인 생각으로 나를 지켜본다면
그 얼마나 불행한 일이겠던가요?

오늘 문득
참 좋으신 그대가
내 가까운 지인임에 감사합니다.
여우생각

2016. 7. 28. 목요일

김재선(시인) / 일상의 모든 것을 주옥으로 다듬어 내는 여우님은 곧 아름다운 시인이십니다.

김영천(시인) / 서예 좋지! 언젠가 서예에 완전 미치면 아내 거꾸로 들고 긴 머리칼 붓으로 이용할지도 몰라! 좋겠네!

주말에 대한 예의

갈 곳도
오라는 곳도 없으면서
주말과 주일
둥지 떠날 채비를 하고 출근했습니다.
내 나이에 나에게 대접하는
주말에 대한 예의입니다.

설령
해질녘에 다시 둥지 찾아 갈지라도
온 종일
설레임은 차고 넘칠 것 같습니다.

설렘은 사랑입니다.
사랑은 설렘입니다.

평화로우소서!

여우생각

2016. 7. 29. 금요일

양선희(독자) / 설렘, 참 살만한 말입니다. 둥지, 참 따뜻한 말입니다. 돌아올 곳 있으니 떠남이 설레임입니다. 설레임, 둥지, 떠남 참 멋집니다.

김혜경(시인) / 지친 생활 속 단비 같은 여우생각 고맙습니다.

이매훈(수필가) / 그대의 글을 읽다가 눈시울이 젖을 대가 종종 있습니다. 울컥 설움에 울음을 삼킬 때도 있습니다. 공감되는 그 무엇들 때문에 더욱 그렇습니다. 좋은 글 늘 고맙습니다.

가을하늘에
뜻밖의 편지도 써보고
잊혀짐이 두려운 노년의 망각을 예방하는
좋은 친구에게 안부도 물으며
이 계절은
죽도록 함께 아파봅시다.

여름편지 — III

죽도록 아파보기

내 하늘의 색깔

정동진역 미술관에 가면
중국작가 뤼센의 작품 회색하늘을 볼 수 있다합니다.

80년대
어두웠던 나라의 정서를 뜻한다는 그 의미가
오늘 문득
내 하늘은 얼마나 선명한지
쳐다보게 합니다.

하늘을 쳐다보아 행복하고
행복해서 쳐다볼 수 있는
하늘이 걸려있어 참 좋습니다.

오늘 행복해서 쳐다볼 수 있는
그대의 하늘이기를...
여우바람

2016. 8. 4. 목요일

정인태(시인) / 공감 가는 글입니다.

조구호(독자) / 늘 멋진 글 보내주어 잘 읽고 감동 받습니다.

이매훈(수필가) / 열정적인 그대가 참 부럽습니다.

신지영(시인) / 어느 하늘아래서도 늘 변함없이 우리의 삶 중심이 주님과 동행하시기를 기도합니다.

곽경구(독자) / 여름날 뭉게구름은 찬란한 아름다움 그 자체입니다. 좋은날 되소서. 그 하늘위에 뭉게구름도 보시고...

사람과 우주의 술래잡기

요즘
내리쬐는 태양빛이 참으로 도도합니다.
타오르는 열기가 참으로 눈부십니다.

그 안에서
처지고 늘어짐 까지도
꾹꾹 눌러 짜낸 보약인 냥
의욕으로 되 살아 납니다.

이렇게
해마다 더운 여름도
해마다 추운 겨울도 보내고 붙잡는 것이
마치
사람과 우주의 술래잡기 같습니다.

오늘

모든 일상 안에서
당당한 주인공으로 살아요 우리.
여우생각

2016. 8. 5. 금요일

김현숙(아동문학가) / 도도한 작가님이랑 닮았습니다.
양선희(독자) / 그래요. 주인공 그리고 책임, 도도하게 살아보게요.
김영천(시인) / 햇빛이 도도한들 여우만 할까?

채웠다가 비워낸 자리

딸아이가 둘째를 낳았다는 기별을 받았습니다.

우주의 역사를 트고 나온 새 생명
그는 이제로부터 꿈과 추억으로
가슴과 머리를 무한히 채워가겠지요?

그런가하면
우리는 이제로부터 가슴과 머리를
지우개 같은 세월로
차근차근 지우며 살아가겠지요?

그러고 보니
새로 채우는 일보다
채웠다가 비워낸 자리는 더 여유로울 것 같습니다.

혹여

지워진 빈 마음 빈자리로 인하여
슬퍼하거나 안타까워하지 않기로 해요.

여유로운 하루 전송합니다.
여우편지

2016. 8. 8. 월요일

곽성구(독자) / 하늘과 땅에 이로운 사랑으로 가득하기를...

이세용(독자) / 축하합니다. 지혜롭고 건강하게 자라기를 기원합니다.

설혜영(독자) / 자비로운 생명의 울음을 축하드립니다. 행복입니다.

서울 가는 날

빨리가는 ktx가 아니라
느리게 가는 내 자동차로
여우는 오늘 서울 갑니다.

고속도로 휴게소에서
어묵과 국수도 먹어보고
광장에 북적거리는 사람 속에 끼어
내 체온도 섞어 놓고 싶습니다.

느림 속에도 내 즐거움이 있고
부족함 속에도 내 행복이 있음을
만끽하고 올랍니다.

그렇게

잘 다녀오겠습니다.
여우기별

2016. 8. 10. 수요일

이병환(독자) / 우선 서울 나들이를 한다하니 어릴 적 방학 때 엄니 따라서 완행열차 타고 서울구경 했던 생각이 나네. 그래 재미난 구경 많이 하고 가게나. 특히 서울은 무섭고 살벌한 동네라네. 한 눈팔지 말고 높은 건물은 끝까지 쳐다보면 안 되네. 27층부터는 돈을 주어야 하므로 28층 봤어도 25층 보았다고 꺽지 쓰면 된다네. 그리고 혹시라도 누가 찍짜 붙으면 바로 나한테 연락하면 바로 쫓아감세.

신병은(시인) / 오랜만에 안부드려요. 늘 변함없이 전해오는 따뜻한 안부 고맙습니다. 깊고 넓은 시심으로 세상을 밝히는 빛이 되세요.

인생은 설레임

한 달배기 아기의 새근새근 숨소리에
가슴이 설레이니
머리에서는 시를 씁니다.

생명과 강인함의 젖가슴을 풀어
아기의 둥근 입에 각도를 맞추는
어머니의 아름다움에
가슴이 설레이니
머리에서는 시를 씁니다.

인생은 설레임이며
설레임은 시가 되는 것이니
이 더위
설레임으로 살아요.
여우생각

2016. 8. 14. 일요일

김혜경(시인) / 아기와 엄마, 그 모습이 눈에 선합니다.

배영숙(시인) / 뜻있는 글, 밥 먹듯이 섭취하고 있습니다.

선홍숙(독자) / 항상 고맙고 아름다운 마음씨를 가진 선생님의 모습이 언제나 아련하게 그리워집니다.

서필환(독자) / 존경합니다. 본받고 싶습니다. 닮고 싶은 열정과 지혜를요. 항상 시대의 풍요로운 주인공 되시기를 기원합니다.

부자 되시기를 기도합니다

사우나를 좋아하는 여우는
요즘 서울시 고객이 되어
즐기며 삽니다.

그런데
땅값도 비싸다는 이 곳
사우나 시설이 너무 좋아서
행복한 체험을 하며 지냅니다.

이렇게
내 지역 사람이 부자일 때
일상 속에서
내가 행복해질 때가 많다는 것이지요.

오늘
내 지인과

내 이웃이 부자되기를
기도합니다.
여우기도

2016. 8. 16. 화요일

박혜숙(독자) / 좋은 글 받으며 또 대접받는 오늘입니다. 오늘도 시인님 덕에 외로움은 잊은 듯.

오동학(독자) / 모든 사물들이 시의 소재, 맛깔스럽고 감사.

서미경(독자) / 박선생님의 좋은 글 항상 고맙습니다. 날마다 일상의 활력이 됩니다.

사랑도 에너지입니다

"너희들 다 그렇게 키웠다"
"자기새끼는 다 키우는 법이다"

부모된 자식이 그 자식을 키우는 모습을
그렇게 치부하고 지켜보기에는
그 고생이 안쓰러워
애처롭기 그지없습니다.

주변에 앉아 살짝 살짝
도와주는 것 마저도
버겁고 힘이 듭니다.

그러니
사랑도 에너지라는 것을 알겠습니다.

열정이거나 사랑이거나

에너지만큼 아낌없이 사랑해야 할 일입니다.

사랑이 충만한 하루 드려요.

여우생각

2016. 8. 17. 수요일

설혜영(독자) / 자비로운 새 생명의 울음을 축하드려요.

조선희(시인) / 님은 평화전도사

김영애(독자) / 정말 대단하십니다. 생활 속에서 우려내는 시 같은 생활이 너무 부럽습니다. 어떤 일이든 느끼는 마음에 따라 다른 기분인데 시로 표현하며 살아가는 박시인님의 글이 에너지가 됩니다.

삶의 존재감을 추신합니다

날 밝아오면
옷매무새를 단장하고
아직도 남아 있는 듯한
신부화장의 향기를 기억하며
기계처럼 팔랑팔랑 달려가던
내 직장과

해질녘이면
피곤을 눕히기 위하여
늘 아늑하고 반갑게 찾아들던
내 집이

참 청춘이었습니다.
참 봄날이었습니다.

요즘

갈 곳도 올 곳도 없이
제자리에서 맴맴
희망도 의욕도 다 제자리가 되고 보니
바쁘고 힘들었던 날들이
돈이거나 욕심이 아니라
삶이었습니다.

삶의 존재감 추신하여 전송합니다.
여우기별

2016. 8. 18. 목요일

백수경(독자) / 같은 언어권에 살지만 이렇게 멋진 표현 좋네요.
이근모(시인) / 삶의 존재감 속에서 찾는 행복, 아름다운 쉼이지요.

그런 사람이고 싶습니다

직장에서 같이 살았거나
일상에서 잠시 스쳤거나
이별이라 하여
모두가 아쉽거나 슬프지는 않습니다.

헤어지면서
다시는 만나고 싶지 않은 사람,
혹은
떠나기도 떠나보내기도 싫은 사람이 있습니다.

이왕이면
누구라도 나랑 함께 있으면
핫 팩 처럼 따뜻하여
영원히 같이 살고 싶은

그런 사람이고 싶습니다.

여우생각

2016. 8. 19. 금요일

박철주(독자) / 매일매일 생각하는 사람, 항시 좋은 생각과 좋은 글-감동-공유 존재감을 갖게 해주셔서 감사합니다.

김영천(시인) / 도통하셨네.

임태성(독자) / 박시인님을 항상 그런 사람으로 기억하고 있습니다.

이상식(독자) / 아름다운 인연을 한 눈에 표현하셨네요. 아름다운 인연이라도 주머니에 찔러 넣으면 절도죄에 해당됩니다.

일상의 안온함

날마다 일만 하시던 어머니가
어쩌다 경대 앞에 앉아 화장하는 날이면
나는 늘 불안했습니다.
그 날은
언제나 나를 떼어 놓고
외출을 하셨거든요.

오늘
오랜만에 화장을 했습니다만
딸아이 마음이 불안할까 걱정이 되어
조심조심 한둥만둥 했습니다.

나도 그 때처럼
딸아이를 두고 떠나려던 참이기에 말입니다.

그렇게

딸아이 산후조리 수발을
고생인 줄도 모른 체 마치고 돌아와 보니
내 익숙한 일상이
참으로 안온합니다.

무료한 듯한 일상에서
평화로우소서!
여우안부

2016. 8. 22. 월요일

오성수(시인) / 여우는 오늘도 내 어머니를 생각하면서 짠한 사랑, 아픔의 시간들, 어머니의 내음을 그립게 합니다.

곽성구(독자) / 엄마의 따스함이 느껴집니다.

노임숙(시인) / 축하해요. 드디어 할머니 대열에 가입하셨네.

소리와 가슴열기

교실마다 아이들소리가 살갑고
복도에는 발자국 소리들이 통통거리고
뜨뜻미지근했던 직원들끼리도
오랜만에 만나려니 가슴마저 콩닥거리고
오늘 개학한 우리학교 풍경입니다.

가슴과 소리가 만나니
삶도 활기찹니다.

말복을 보내고
입추와 처서를 지냈으니
덥다는 말 대신
가을이 들어올 수 있도록
소리와 가슴을 열어두기로 해요.

평화로우소서!

여우안부

2016. 8. 24. 수요일

김재선(시인) / 좋은 글 속에서 설레임에 젖어 행복으로 충만 되어 있는 여우님의 모습이 선하네요.

김병찬(독자) / 학생들이 개학을 했군요. 재잘거리는 소리에 마음은 더욱 활기차겠습니다.

곽성구(독자) / 가을이 저기 오고 있네. 아니 여기 와 있네.

박수정(독자) / 선생님의 시를 마치 한 권의 시집처럼 내 마음이 편한해지며 소중한 글귀 힘이 되고 공감이 됩니다. 선생님처럼 좋은분을 만나 사는 일이 행복입니다.

구월의 향기

어떤 이를 만나면
그 사람만이 가진 특별한 향기가 있습니다.

어느 집에 방문을 하면
그 집에서만 나는 특별한 향기가 배어있습니다.

팔월의 끝자락의 오늘 아침은
가을향기가 풀풀 묻어 있습니다.

구월이 오려나봅니다.
서두르지 않아도 저 혼자 오는 구월입니다.

차분한 하루 함께 전송합니다.
여우느낌

2016. 8. 26. 금요일

김양호(시인) / 빛으로부터 오는 체색 기다리지요. 오늘도 굿입니다.

임매환(독자) / 가을이 오는 소리란 말만 들어도 시원해지는 느낌이네요.

신지영(시인) / 난 무슨 향기 날까?

박응선(독자) / 좋은 글에 가슴이 멍합니다. 세상을 다 사랑으로 안을 수 있는 향기로운 삶에 오늘도 도전해 보렵니다. 시인님 존경하고 사랑합니다.

박혜숙(독자) / 늘 감사해요. 심난한 마음에 정말 단비 같은 톡입니다.

죽도록 아파보기

쌀밥을 고봉으로 먹어도 고프고
이온음료를 양 것 마셔도 갈증이 나며
병명도 없이 아프기만 하는 계절이 왔으니

그래요
가을하늘에
뜻밖의 편지도 써보고
잊혀짐이 두려운 노년의 망각을 예방하는
좋은 친구에게 안부도 물으며
이 계절은
죽도록 함께 아파봅시다.
따사로운 하루 드려요
여우편지

2016. 8. 29. 월요일

서영자(독자) / 팍팍 와 닫는 글입니다. 비타민 같은 한 주 되세요.

오성수(시인) / 가슴 저미는 이야기 있거든 여우혼자 외로울 것이지 어쩌자고 내 마음 흔듭니까?

배영숙(시인) / 뜻있는 글 밥 먹듯이 섭취하고 있습니다. 감사합니다.

백수경(독자) / 가만있어도 웃음이 나오는 계절이 되시기를 바랍니다.

그러나
삶이 어떠할지라도
내가 떠나지 않는 한
세월은 끝끝내
내 곁에서 나를 지키고 있습니다.

여름편지—IV

세월 속에서 드리는 편지

완도찬가

혹여
걸어서 맞는 세월은
더 느리게 올지도 몰라
청산도에서 봄을 마중하니

따로 인 듯
함께
기대어 사는
모래의 천국 명사십리
그리움은 만파로 달려와
목젖까지 적십니다.

다도해를 조망하고
야경으로 명상하기에 좋은 섬

이곳이
그 아름다운 섬 완도라 하더이다.

2017. 6. 5. 월요일

김정애(독자) / 모래하면 명사십리가 최고지요.

박나연(독자) / 이 글을 읽고 보니 완도에 가고 싶어집니다. 목젖까지 적신다는 표현, 최고에요.

차영수(독자) / 완도를 둘러본 듯 좋습니다. 청산도에도 가보고 싶습니다.

전조등의 축제

많거나
적거나
기다리던 단비에
도로에 선 자동차들은
온통 전조등을 켜고
축제와 같습니다.

아직 목말라
애가 타는데 말입니다.

일도
사랑도
감사도
늘
평평하고
잔잔하여

멀리서 보이는 지평선 같기를
희망해 봅니다.
여우생각

2017. 6. 7. 수요일

강주완(독자) / 공감합니다.
정승원(독자) / 매일 마음 평온해지는 좋은 글 감사합니다.

여름으로 가는 길

오월이
다소곳한 여자의 숨결이라면
유월은
거친 황소 숨결 같다는 생각이 듭니다.

연둣빛을 덮치는 초록이 그렇고
여린 흑장미의 향기를 덮치는
훤칠한 밤꽃향이 그렇고
신부 같은 매 꽃 곁에
나란히 피어난 조선의 꽃
개망초의 활기참이 그렇습니다.

유월 볕에
우리가 애써 기웃거리지 않아도
호박넝쿨 길게 드러누워
너스레 떨지 않아도

계절은 그렇게
여름을 향해 가고 있는 중입니다.

2017. 6. 8. 목요일

문재덕(독자) / 활기찬 글 즐감합니다.

여규태(독자) / 문장이 너무 좋고 글 솜씨가 보통이 아닙니다.

김정선(시인) / 오월이 찔레꽃이라면 유월은 습기 물고 덤비는 적도의 바람입니다. 장마를 예고하는 열대풍이 뿜어낸 입김 같습니다.

어머니의 실루엣

딸 부잣집 시골 노부부께서
옆구리에 신경통 약봉지 달고
수년 농사일에 힘겹고 지친모습 역력한데

딸이 여럿이라
이 딸 저 딸
무엇이거나 챙겨주고도
늘 부족한 마음일 것을

지독한 유월 가뭄에
찹쌀방아 찧어
자동차에 올려주시며
환한 웃음까지 보태시고
휭 하니 돌아서 가십니다.

살갑고 따뜻한 뒷모습은

마치
내 어머니의 실루엣으로 남습니다.
쌀 한 톨도 허실 없이 잘 먹겠습니다.
여우마음

2017. 6. 9. 금요일

노유림(독자) / 가슴이 뭉클합니다.

전성원(독자) / 늘 감사합니다. 일상을 깨워주는 고은 글이 따뜻한 선물입니다.

만물과 만인이 시가 되는 유월

구절초 같은 여린 심성에서
날카로운 시어를 끄집어내어
정의를 세우는 시인의 가슴은

거짓을 보기 민망하여
진실로 진실함을 품어
행과 연으로 나누어 부르는
시인의 노래는

들꽃 하나에 관심과
낙엽 하나에 흐르는 눈물이
시인만의 몫이 아니라는
그 특별함으로

만물과 만인이 시가 되는 유월
애국자가 되어

그 유월하늘 한 번 올려다봅니다.

여우생각

2017. 6. 12. 월요일

박응선(독자) / 좋은 글에 가슴이 멍합니다. 세상을 사랑으로 안을 수 있는 삶에 오늘도 도전해 보렵니다. 존경하고 사랑합니다.

백수경(독자) / 일상에서 배움을 실천하시니 늘 평화로움이 전해집니다.

정찬명(독자) / 자연의 눈물이 시인들의 몫이 아니라 우리들의 몫이 아닐련지요.

오성수(시인) / 누구였지 나 몰래 꽃씨를 뿌려 저리고운 향기까지 보내준 님은 온화한 대 자연 기쁜 진리 아닐까?

이보영(시인) / 저도 유월의 하늘 한 번 올려다봅니다.

나를 안다는 것은

부모님을 여의고 난 후
내가 그 자리에 앉아
비로소
부모를 알아갑니다.

자식이
자식 낳아 키우는 모습 보면서
내가 어떤 자식이었는지
비로소
알아갑니다.

그런데
내가 나를 품고 반세기를 살아왔겄만
아직
내 맘 나도 모를 때가 참 많습니다.

문득
내가 나를 아는 것만큼
어려운 것은 없는 것 같습니다.
여우생각

2017. 6. 14. 수요일

하재인(독자) / 절대공감
여규태(독자) / 맞아요. 내 맘 나도 모를 때가 많아요.

파란인사

신록은
아침시간이 가장 푸르고
눈부시다합니다.

세상은
낮도 밤도 아닌 시간이
가장 파랗다합니다.

그것은
편안하게 쉴 수 있는
밤의 시간이 다가오는 것과
활기찬 삶을 펼칠 수 있는
낮의 시간이 다가오고 있음이
희망이라는 것이지요.

어린이의 마음을

푸르다고 말하듯
나는 오늘 그대에게
소중하고 귀한
파란 인사를 전송하고 싶습니다.

평화로우소서1
여우드림

2017. 6. 15. 목요일

이병훈(독자) / 가장 푸르른 글입니다.
김경수(독자) / 파란마음 잘 받았습니다. 함께 평화로우시게요.

카카오톡 인연

눈 뜨자마자 핸드폰을 열어
환한 웃음으로
아침인사를 나눕니다.

거기에
잊혀질 뻔 했던 그 사람
혹은
이미 잊혀진 그 사람이
새로운 친구로 앉아있습니다.

구태여 지워야 할 인연은 없는 것이
살아가는 일이기에
멀리 있어도 지척인 듯
카카오톡에서는 지금 이 순간도
우리들의 인연은
영글어가고 있는 중입니다.

그 소중한 인연에 감사드립니다.

여우드림

2017. 6. 19. 월요일

이근모(시인) / 내 생각과 상대의 생각이 일치 한다면 더욱 더 아름다운 화음이 되겠지요?

현희정(독자) / 연애편지인 듯 설레이고 기다려 집니다.

품앗이 효도

며느리가
시어머니의 목욕수발 드는 풍경이
참 지극하고 예쁩디다.

딸 낳아 출가시켜 그 가문에
효도하라 가르치고
아들 낳아 며느리 효도를 받는
양보하고 나누는 품앗이효도가
참 기특하고 아름답습디다.

아름다움을 품앗이 하는
아름다운 날 되소서!
여우바람

2017. 6. 26. 월요일

문재덕(독자) / 요즘 그런 며느리 없어요.
강주완(독자) / 효부상 드려야 할 요즘 세상에 귀한 며느리군요.
서정향(독자) / 나도 젊은 시절 효부상 받았는데...
김미성(독자) / 요즘 보기 드문 며느리군요.

카톡으로 보낸 편지

힘들 때
"힘내"라는 한마디와
"파이팅"을 외쳐주는 응원은
정말 힘이 됩니다.

정말 힘이 들 때
"힘내"라는 한마디 보다
"내가 옆에 있어 줄게"랄지
"파이팅"을 외쳐주는 응원보다
"네 마음 잘 알아"라는 메시지는
힘을 보태어 함께 하고 있다는 것입니다.

살아도 살아도
만만찮은 세상에
흔하게 울리는 카톡소리는
흔한 것 같지만

혼자가 아니라는 소중하고 귀한
서로에게 힘이 되는 응원입니다.

여우편지 카톡으로 도착했지요?
여우올림

2017. 6. 28. 수요일

이미옥(독자) / 표현도 여우같이 잘하네. 늘 좋은 글 감사합니다.
문재덕(독자) / 함께라는 단어는 항상 용기와 위안을 주는 힘이 됩니다.

비가 오는 날에는

비오는 날에는
누구에겐가 살짝 기대어
가슴에 품어 살아
아픔으로 남아있는 작은 사연을
자분자분 펴내고 싶어집니다.

비오는 날에는
누군가를 살며시 품어
그 사람의 고민이거나
부질없이 속상한 이야기라도
내 가슴으로
덜어오고 싶어집니다.

어떤 사람이라도
어떤 이야기라도
펴내고

보듬고 싶은 비오는 날

오늘 비가 내립니다.
여우생각

2017. 7. 4. 화요일

백수경(독자) / 좋은 싯구와 함께 온기를 주셔서 감사합니다.
정인태(시인) / 마음이 전해져 따뜻합니다.

수박 낯가림

수박 농사를 짓는 남편의 지인으로부터
여러 통의 수박을 받아 쪼개보니
수확 시기를 놓쳐 너무 익어버렸습니다.

매끄럽고 아름다운 수박의 무늬 속에
혹여
너무 익어버렸거나
먹을 수 없을 만큼
설익었을지도 모르는 까닭에
흔쾌히 이웃과 나눌 수가 없습니다.

마치
낯선 사람 만나
그 속내 알 수 없어
다가가지 못하는 낯가림처럼
그 수박

매번 곁눈질로 지나치고만 있습니다.
일상의 이웃이 소중한 날
여우편지

2017. 7. 12. 수요일

차영수(독자) / 잘 익은 수박 고르듯 사람도 고르면 안 되는데 꼭 그 속을 두드려 봅니다.

고재선(독자) / 쪼개봐야 알 수 있는 수박처럼 사람의 속내를 알수 없음의 표현에 공감합니다.

이경자(독자) / 맞아요. 나눔도 자신 있어야 합니다. 수박 속내를 잘 모르니 이해됩니다.

세월 속에서 드리는 편지

젊음일 때 참지 못하고 지른 함성
다 부질없음을
세월이 다 말해줍니다.

어려운 일이거나
힘들고 복잡한 일이거나
묵묵히 견뎌내는 지혜를

인생길
가르치고 붙잡아주던
부모님과 스승
그리고 친구까지도
헤어져야 하는 날이 있다는 것을
세월이 다 말해줍니다.

그러나

삶이 어떠할지라도
내가 떠나지 않는 한
세월은 끝끝내
내 곁에서 나를 지키고 있습니다.

그 세월 속에서 드리는
여우편지

2017. 7. 13. 목요일

장윤호(시인) / 그런 젊은 날의 용기와 열정이 오늘의 밑거름 이었습니다.

정인태(시인) / 그러면서 늘 새 날을 바라보는 눈빛이 고움을 화답합니다.

색깔 세어보기

지금
운동장을 한 눈에 넣고 있으려니
잔디의 파란색과
비 맞은 벚나무의 검은색
그 사이로 비치는 전봇대의 회색
그리고
체육관 건물의 핑크색깔에
간간히 섞인 청색.

색깔을 세는 일이
아름다운 그림 한 장으로
가슴이 환해집니다.

이럴 때
누군가 내게 말을 걸어오면
내 가슴 밖으로 나가는 언어의 온도는

한 겨울 두 손으로 감싸고 싶은
커피 잔처럼
참 따듯할 것 같습니다.

오늘 피어오르는 아름다운 색깔들을
정성으로 전송합니다.
여우드림

2017. 7. 18. 화요일

송미정(독자) / 한 구절 한 구절이 잘 짜아낸 천 같습니다. 머리가 맑아집니다.

고재선(독자) / 예쁜 색깔세기에 내 마음도 잠시 동심으로 달려갑니다.

가을이 온다는 기별에

그토록 도도하던 햇살이
서릿발처럼 부서져
문지방에 쓰러집니다.

바람한 점 불어온다는 기별에
하늘이 일어서고
낙엽이 주저앉고
내 마음의 성벽이 허물어집니다.

이렇게
바람처럼 아득한 것들이 익어가니
가슴은 소녀처럼 뛰놀고
눈시울은 노을만큼 붉어집니다.
여우생각

2017. 8. 16. 수요일

이상식(독자) / 오늘까지 반팔, 내일부터 긴팔, 계절을 무색하지 않게 해야겠네요.

김후신(독자) / 오랜만에 좋은 글 감사합니다.

유호진(독자) / 요즘 날마다 시 한편 읽고 하루를 시작하는 기쁨 너무 좋습니다. 날마다 좋은시를 읽으면서도 고맙고 감사하다는 표현도 못했지만 감사하는 마음 항상 가지고 있습니다. 오늘은 표현하고 지납니다.

가을마중

가을하늘
손가락으로 쭈욱 그어보고 싶고,
목소리 크게 외쳐보고 싶고,
온몸으로 뛰어들고 싶고,
바다에 빠진 하늘 건져보고 싶고

그런데
그 하늘 너무 멀리 있어
너무 깊은 곳에 있어
스마트 폰 끌어당겨 담아다가
속절없이 들여다보며
가을마중 합니다.

마중한 가을
제일먼저 드립니다.
여우드림

2017. 8. 17. 목요일

곽성구(독자) / 먼저 받겠습니다.

김영권(독자) / 폭염지나간 가을이네요. 행복하세요.

오성수(시인) / 그대의 멋에 취하고 가을마중 싱그러움에 젖어들고,

가을편지

잿빛이거나
가을비 오는 날도 있어야
귀한 줄
힘든 줄
좋은 줄도 알겠지요?
모두가 행복입니다.

가을편지 I

모두가 행복입니다

모두가 행복입니다

하늘이 우울해졌습니다.
맑은 가을날만 존재 하는 것이 아니기에
때론
잿빛이거나
가을비 오는 날도 있어야
귀한 줄
힘든 줄
좋은 줄도 알겠지요?
모두가 행복입니다.
오늘 행복하소서!
여우바람

2015. 9. 23. 수요일

전강문(독자) / 좋은 글 마주하니 전신이 힐링 되는 듯 합니다.

명성열(독자) / 일간신문이나 연재소설처럼 가슴에 와 닫는 하루의 글이 기다려집니다.

강성희(독자) / 월출산여우 뿐만이 아니라 모든 사람들에게 다 적용되는 말씀인 듯합니다. 좋은글 감사합니다.

이화선(독자) / 멋쟁이 시인님 가슴을 뻥 뚫어주던 목소리가 들리는 듯합니다. 늘 행복하시고 건강하소서!

기다리는 중년

명절!
어느 덧 떠나는 설렘보다
기다림으로 대문 밖 서성거리는
중년인가 봅니다.

연휴
카톡 방에서 소통되던 소중한 가족들
얼굴 부비며 손잡으며
충분히 행복하소서!
여우안부

2015. 9. 24. 목요일

김재선(시인) / 소녀 같은 감성이 나의 일로 다가서는 여우님의 보석 같은 글들이 멀어졌던 시심을 가끔씩 들여다 보게 하네요.

박응선(독자) / 보내주신 고운 글 허실 없이 가슴에 담아 이 명절을 즐기렵니다.

조영훈(독자) / 잘 계시지요? 항상 멋진 시인님의 멋진 글 잘 받아보고 있습니다. 아름다운 중년 함께 갑시다.

해찰 없는 사랑

요즘
상사화시절이라는데
반나절 가을비에
붉은 눈물 뚝 뚝

희끄무레해진
상사화 꽃봉오리가
흐르는 가을 같습니다.

꽃도
사랑의 빛도
지금 이 세월에 바래고 있는 중입니다.

해찰 없이

부지런히 사랑해야 할 일입니다.
여우생각

2015. 9. 25. 금요일

조기호(시인) / 하찮다고 여기던 나의 모든 것에 감사 해야겠어요.

김정선(시인) / 감동이 홍수집니다.

최영복(시인) / 멀리 떨어져 있어도 늘 같이 있는 듯한 그림자처럼 함께 할 수 있는 그런 사랑이 그립습니다. 행복한 하루되십시오.

김석중(소설가) / 혹여 월출산여우 가슴을 설레게 하는 심쿵한 사연이 찾아올지 몰라.

참 다행스러운 것은

까닭 없이 가슴이 아프고
병명도 없이 몸이 아프고

여름도 가을도 아닌
9월을 보내며
10월을 맞는 진통이기에
꾹 눌러
견뎌보기로 합니다.

옷은 벗어도
마음을 벗을 수 없음이
참 다행입니다.

이 마음
말하지 않으면 들키지 않음이
참 다행입니다.

평화로운 하루 드려요.

여우생각

2015. 9. 30. 수요일

민유기(독자) / 아주 작고 작은 일들에서도 시인의 감성으로 인간적 온기를 느낄 수 있는 글들이 카톡에 들어오니 열어보는 기쁨 또한 무엇에 비하오리.

박은숙(독자) / 글이 너무 멋있어 읽고 또 읽습니다.

가슴까지 젖어보기

늘 처음처럼 설레 듯
우산위로 떨어지는
빗소리까지도 사각거리는
가을 아침

귀 기울이는 사람들과 벗하며
가을비 오는 날
가슴까지 젖어보기
여우가을까지 드립니다.
여우편지

2015. 10. 1. 목요일

임영열(독자) / 세파에 시달려도 번뇌는 별빛이라, 장광에 떨어지는 가을 빗소리와 함께 10월 시작합니다.

김순실(독자) / 답장을 드리지 못해도 좋은 글 받아볼 수 있기를 욕심부려봅니다.

김양호(시인) / 아름다운 시간이군요. 그 안에서 많이 행복하시길 기원합니다.

외롭다는 것은

내가 차린 내 술상으로
나 혼자 맥주, 소주
휘 둘러 마시고
녹아 없어진 날이 몇 날이던가?

오늘
다시
반 쯤 나를 내려놓고
그 짓 다시 하고 싶은,

그런데
우두둑
외로워지네.
여우외로움

2015. 10. 10. 토요일

조행란(독자) / 늘 혼자서도 외로움 정도는 잘 해결하시잖아요. 오늘 술 한 잔 할까요?

정인태(시인) / 그대 글 마주하니 문득 차 한 잔 생각나네요.

김재균 (독자) / 날마다 좋은 글 받아보면서 회신을 못하고 있네 세상만사 모두가 자신에게 있다는 것을 알면서도 마음대로 되지 않네. 내가 편하고 넉넉하면 모든 것이 다 긍정이고 내 마음이 불편하면 모든 표현도 잘 되지 않는 것 같네. 나이가 들어서 더 외로워지는 것일까? 항상 보내주신 글에 고맙네.

사람이 그리운 날

가을 무르익어 가는 길목
외투 깃 세워야겠어요.
진한 커피향이 가슴 달래주는 스산한 아침
이 기세
사람이 더욱 그리운 날입니다.

최진석의 〈인간이 그리는 무늬〉 들여다보며
오늘
나의 무늬는 어떻게 그려야 하는지? 물으며
문득 문득
그리운 사람들 그려 넣어 봅니다.

가을 속에서 평화로우소서!
여우그리움

2015. 10. 28. 수요일

조동열(독자) / 박시인님의 좋은 글에 항상 감명과 감동을 받고 있습니다. 사람의 마음을 움직이게 하는 섬세한 필력을 가지고 계십니다.

양봉모(시인) / 가을의 길목, 그윽한 미소로 살았으면 좋겠습니다. 송구스럽게도 이렇게 슬쩍 문자 안부 전합니다.

김재선(시인) / 지치고 힘들 땐 콧바람 불며 바람따라 바람처럼 구름처럼.

약속 하나 있었으면

계절이 다 알아서 할 텐데
너무 따뜻하다고
가을비가 너무 길다고
투덜댄 것이
뜨끔하게 매 한 대 맞은 듯

준비도 없이
확! 추워버리네요.
세월가고
계절 깊어지면
이런 날 있으리라 짐작했어야 했던 것을,

바람소리 무섭습니다.
이런 날
안동역은 아니라도
첫눈 온다고 만나자는 약속하나

있었으면 참 좋겠습니다.

비오고 우박 떨어지는 오늘.
여우바람

2015. 11. 26. 목요일

김영천(시인) / 가을의 마지막 곱게 여미시기 바래요.
박부도김(가수) / 여우의 태양 같은 열정에도 부라보

시詩가 고픈 계절

찬바람과 뚝 떨어진 기온
가을이 지나가고 있습니다.

쫒으며 쫒기며 가는 세월
가고 있는 세월입니다.

숙성된 술을 마셔보아도 재미없습니다.
만나는 모두가 자식자랑에 본인자랑에

시가 고픈 11월
11월까지는 내 가을의 종말을 선언하지 않겠습니다.

참 좋은 사람들이 보고 싶습니다.
여우그리움

2015. 11. 27. 금요일

김영천(시인) / 삶이 시로구만!

정다운(독자) / 시인께 글이 자신 없어 음악으로 대신 드립니다.

고은숙(독자) / 요즘세상의 모습을 잘 담았네요. 늘 좋은 글 잘 받아보고 있습니다.

편지 쓰는 날

매월 1일은 편지 쓰는 날인가 봅니다.
카톡편지가 가득히 도착합니다.

한 달 내내
행복하라고
잘 지내라고
무사하라고

서로가 서로를 염려하고
안부를 물어보고
이렇게
따뜻한 이야기가 있으니

우리는
참
아름다운 세상에 살고 있습니다.

평화로우소서!
여우편지

2016. 9. 1. 목요일

천장로(독자) / 함께 9월 맞아 생기 넘치게 잘 지내고 시간나면 충무로에서 한 잔하고 영화도 한편 보고 눈치 없이 대열에 벗어나지 않겠다고 고집하지 말자고 편지합니다.

김영천(시인) / 좋겠네. 나는 달랑 여우편지 한 장 인디.

김영안(독자) / 여우씨 늘 행복한 일 만들어 매월 행복하시길...

처음처럼 사랑하기

인연의 처음은 험도 없고
상처 또한 없답니다.
그러나
어쩌다 이별을 하게 되면
상처거나 아픔까지도 줄 수 있습니다.

오는 여름은 정열일 줄만 알았다가
가는 여름은 늘 병을 남기고 갑니다.

요즘
가는 여름이 남긴
뇌염과 콜레라, 식중독까지
우리 사는 세상이 긴장하고 있습니다.

온전히 가을 속에 젖기까지
처음처럼 사랑하고

건강하시게요.

여우바람

2016. 9. 5. 월요일

위주환(독자) / 인연의 시작은 우연이었고 넉넉한 인연으로 지속되는 인연이 진정한 인연이겠지요.

임태성(독자) / 그러게요. 아픈 사람 천지네요. 모두 행복하기를.

박응선(독자) / 뒤돌아볼 줄 모르고 앞만 보고 달리다 이렇게 늙어버렸습니다. 이제라도 좌우전후 돌아보며 상처 없이 살아야겠습니다.

장정환(독자) / 소중한 인연을 만드는 것 보다 지금의 인연에 감사하는 마음을 더 가져야 함을 시인님의 글로 깨닫습니다.

뜨겁다는 것은 열정입니다

어쨌거나 기억하겠습니다.
어쨌거나 새겨두겠습니다.

바닥이 들여다 보이는 에너지
딱딱 긁어 쓰도록 힘겨웠지만
그래도
뜨겁다는 것은 열정 아니었겠습니까?

일 년에 한 번쯤 타올랐으니
두고두고 새기겠습니다.
8월의 청춘에
입 다물고 이겨낸 우리들의 청춘!

올 가을 햇살은 유난히 찬란하겠지요?

평화로우소서!
여우생각

2016. 9. 7. 수요일

김병찬(독자) / 마음먹은 대로 말하고 나니 역시 잘했다는 생각이 듭니다. 혼자 생각만 하면 답이 없는데 말하고 나니 더욱 좋은 응답이 있어 행복한 날이 되어 봅니다.

박응선(독자) / 찬란한 가을 선물하려 그리도 더위가 매서웠나 봅니다.

박혜숙(독자) / 영영 안 올 것 같더니만 하루아침에 뜬금없이 가을이 성큼 와 있어 박시인처럼 설렙니다.

다 내 생각일 뿐

도갑사 가는 길 옆구리에 다랑논이 있고
커다란 정자를 끼고 도갑천이 흐르며
한 발작 물러선 자리에 월출산 여우네가 있습니다.

꽃봉오리 올라오는 소리까지 들릴 만큼
고요한 그 곳에서
요즘
귀뚜라미 소리에 잠을 설치고 있습니다.

귀뚜라미가 울고 있다고 치부하는 것은
내 생각일 뿐
아마도 그들의 시절이라 하여
사는 것처럼 왁자지껄
축제라도 열린 모양입니다.

누구라도 영원히 내 사람이라는 것도

누군가 나를 싫어할지도 모른다는 것도
다 내 생각일 뿐입니다.

내 생각이 다 사랑이면
세상은 모두가 사랑입니다.
사랑합니다.
여우고백

2016. 9. 9. 금요일

김양호(시인) / 다랑논, 귀뚜리소리, 도갑천, 정겹고 그리운 것들입니다, 부럽습니다. 청명한 날 가득하세요.

김혜경(시인) / 그렇지요 사랑이 없으면 모든 것이 헛될 뿐 사랑합니다.

부지런히 써야 할 것들

"자네들처럼 젊은 시절 다 가고 뭣하다가 이리 늙었는지 모르겄네!"
"돈 버느라 늙으셨지라우!"
"워따메 벌어 놓은 돈은 표적도 없고 청춘만 다 가 버렸당께!"
오늘 아침
50대와 70대 여인들끼리 나누는 이야기가 바람처럼 흘러들어와
여우 귀에 박힙디다.

돈도 청춘도 모아둘 것은 못되는 것인가 봅니다.
생각해보니 돈도 부지런히 써야하고
청춘도 부지런히 써야 할 일입디다.

명절도 가까워지고
한 이틀 지나면 달도 찰 것이니

돈도 마음도 나누는 일만 남았습니다.

우선 마음 한 자락 흔들어 전송합니다.
평화로우소서!
여우인사

2016. 9. 12. 월요일

백수경(독자) / 지당하신 말씀, 돈도 청춘도 써야 하는데 청춘은 썼으니 살짝 아껴두고 돈은 씁시다.

양선희(독자) / 스무 살 되던 해부터 월급이란 걸 받았습니다. 그렇게 해가 가고 백발이 된 엄마와 그 남매들이 불식간에 만나 뜨거운 갈비탕 한 그릇씩을 먹었습니다. 그 자리에 작년에는 흔적도 없었던 아가 한 명이 꽃이 되어 피어 있었습니다. 그렇게 하루하루 내 삶이 흐르고 있습니다.

새로 피어난 꽃

양가 부모님 다 가시고 조촐해진 명절 밥상
예전에 흔적도 없었던 자리에
아가들이 꽃이 되어 피어 있더이다.

그 옛날
동서지간 마주보고 시댁과 남편 흉보던 재미로
세월 흘러
새로 피어난 꽃들과 별 이야기를 하겠습니다.

가가호호
둥근달 아래
별꽃 환히 피어
이야기군이 된 우리들의 삶 한 자락이
가슴 벅차올랐으면 참 좋겠습니다.

행복한 연휴 드립니다.
여우기도

2016. 9. 13. 화요일

조구호(독자) / 늘 재미있는 글 보고 있는데 일일이 코멘트를 못하는군. 이쁜 꽃과 더불어 즐거운 명절되시게나.

백수경(독자) / 그러네요. 올 상반기 두 분 부모님 보내드리고 나니 이번 추석은 쓸쓸하여 저도 곧 고아로 살아야 할 것 같네요. 남은 부모님께 잘 해드려야지 하면서도 마음 뿐!

채워진 것에 대한 부끄러움

24개월 된 아이에게 동생이 생겨
그 동생에게
엄마가 젖을 주는 것도
아빠가 안아 주는 것도
있을 수 없는 일이라며
울고 떼를 쓰더니

26개월이 되니
엄마, 아빠사랑을 당연히
동생과 나누어야 함을 알고
스스로 안아주고 토닥입니다.

그 아이의 두 달의 성숙함이
나눔과 배려가 되었습니다.

문득

반세기가 넘도록 차곡차곡 쌓인
내 안의 욕심이
그 아이에게 부끄러워졌습니다.

오늘
빈 가슴으로도 충분히 행복하소서!
여우편지

2016. 9. 19. 월요일

백학근(시인) / 걸어도 걸어도 끝이 없고 채워도 채워도 채울 수 없는 생의 욕망이라면 마음 다해 사랑할 일입니다.

박숙자(독자) / 손주의 재롱을 시로 승화!

아마도 가을이었나 봅니다

어영부영 해찰부리며 걷기만 해도
가슴이 가득 채워지는
무엇인지 모를 그 것과

모가지 잘려나간 서숙대 깔고
밭두렁에 쭈그리고 앉아도 편안해지는
무엇인지 모를 그 것이

함께 있어도 외롭거나
외로워도 혼자이고 싶거나
무엇인지 모를 그 것이

아마도
가을이었었나 봅니다.

오늘 그 멋진 가을을 드립니다.

평화로우소서!!

여우드림

2016. 9. 21. 수요일

조영단(독자) / 멋진 가을을 선물해 줘서 감사하고 뭔지 모를 주변이 풍성해서 행복해요.

문금순(독자) / 맞아 맞아 진짜로 그래!

김현숙(아동문학가) / 어영부영 여우네로 놀러가고 싶습니다.

백수경(독자) / 지구가 데워 낸 만큼 가을 햇살은 요란하지 싶네요. 뒷 공원 낙엽이 바람에 가을을 응답합니다.

중년의 출생기록

"어느 계절에 태어났느냐?"가 아니라
"어느 계절에 아이를 낳았느냐?"고 묻는
중년에 접어든 여인들의 출생기록은
가을만큼 퇴색 된 주소록이 되었습니다.

그러나
계절 깊은 곳에 가을이 앉아 있듯이
생각 깊어진 자리에
무르익은 중년이 있습니다.

무르익음이 꽃처럼
아름답기를 원합니다.
여우바람.

2016. 9. 23. 금요일

정인태(시인) / 곰삭은 여인네의 인생이 무르익어 향기가 나는 세월이 느껴지네요.

황의정(독자) / 그러네 벌서 우리나이가 이렇게 되어 버렸네.

김혜경(시인) / 우리 함께 곱게 무르익어가요.

백수경(독자) / 비오는 가을 정말 공감 되는 소식입니다. 가을바람에 마음은 더욱 더...

시詩에 날개를 달고

시를 생각할 때와
사를 쓸 때와
시를 읽을 때가 다른가 하면
시에 날개를 달아 낭송을 할 때는
비로소 그 생명에
나도 젖고
시도 젖고
그래서 일상이 함께 촉촉해 집니다.

마른계절에 〈무지개로 뜨는 시 낭송집〉으로
함께 행복했으면 참 좋겠습니다.
여우바람

2016. 9. 26. 월요일

곽성구(독자) / 시 낭송집을 내셨군요. 어려운 작업 하셨네. 축하합니다.

김양호(시인) / 축하드리고 고맙습니다. 시에 생명을 넣었습니다.

백수경(독자) / 늘 알뜰하게 사시는 모습이 보입니다. 축하드립니다.

김신자(독자) / 당신은 정말 멋진 사람입니다.

이미현(독자) / 소소한 감동이 있는 아주 좋은 시 몇 번씩 읽어봅니다. 영혼의 울림이랄까? 덕분에 행복합니다.

가을보다 더 아름다운 것

열매가 탐스러워져서
가을이 아름다운 것은 아닙니다.
그 열매를 봄부터 가꾸어 온
사람의 손길이 있었기에 아름다운 게지요.
은행잎 물든 가을거리가 아름답긴 합디다만
아름다운 사람 두어 명 거닌다면
훨씬 아름다울 것 같습니다.

세상에 홀로 아름다운 것은 없습니다.
내 발 밑에 내 그림자까지도
내가 아름다울 수 있도록 배경이 되어주고 있으니
오늘은
가을보다 더 아름다운 것이
내 자신이라는 사실에 정직해지고 싶습니다.

그리고

가을보다 더 아름다운 그대에게 가을편지 드립니다.

행복하소서!

여우편지

2016. 9. 27. 화요일

차행득(시인) / 여우님 가을이 풍성해서 탐나는 가을

곽성구(독자) / 아름다운 가을이 그대에게서 옵니다.

출생신고

시의 소비가 필요하고
작가와 함께 할 독자가 필요한 이 때
어제는
〈무지개로 뜨는 시낭송집〉
출생신고를
보람으로 잘 끝냈습니다.

궂은 날씨에
시각장애우들의 특별한 외출이
낭송집보다
더 빛나고 아름다운 그림이었습니다.

오늘부터는
낭송을 듣는 이들의 이야깃거리가
한결 화사하고 말랑말랑 했으면
참 좋겠습니다.

오늘
말랑말랑한 안부 드립니다.
여우생각

2016. 9. 29. 목요일

김재선(시인) / 과연 여우는 여우로다 여우생각은 곧바로 여우 액션, 여우다운 여우로세.

양선희(독자) / 가을비가 생각을 만듭니다, 수확물은 단단해지고 생각은 말랑말랑, 사는 것이 따뜻해지기를.

가을이니까요

오늘 출근길
가을비 추적추적 내리는데
혼자서 길을 걸으며
혼자서 헤실헤실 웃었다가
혼자서 열변하는 사람을 보았습니다.
아마도
이어폰이 가져다 준 웃음과
이어폰에 대답하는 답변인 듯합니다.

내가 보기에
밑도 끝도 없이 하는 말이라도
밑도 끝도 없이 웃는 웃음이라도
이해가 됩디다.
가을이니까요.

밑도 끝도 없이 가을비에 젖는 것처럼

밑도 끝도 없는 이런 편지에도
우리는 여전히 소통되고 있지요?
여우편지

2016. 9. 30. 금요일

김현숙(아동문학가) / 수신양호, 소통원할

김인창(독자) / 비 시작하는 곳 알지 못하고 비 멈추는 곳 가늠치 못하지만 나 여전히 행복합니다.

살다가 어느 한 날 궁지에 몰려
옴짝달싹 못하게 되는 순간이거나
크고 작은 실수로 모두가 잘잘못을 따질 때
온 몸으로 함께 흔들려 위로가 되어 줄
그런 친구하나 그립다는 생각을 해봅니다.

가을편지—II

함께 흔들린다는 것

역사의 싱그러움

시어머니 회갑 되시던 해에
내가 결혼을 했었습니다.
그 때
시어머니의 신혼이야기는
역사책에서나 볼 수 있을 만큼
아득하리라 생각했었습니다.

그런데
내가 사위와 손자를 품어 안은 지금
내 젊음이거나 사랑이 풋풋한 그대로
현재 진행 중이니

세월이거나
인생이거나
허무하기 그지없어
퇴색된 계절에도 우리들의 역사는

이 순간도 싱그럽기를 원합니다.

아름다우소서!

여우바람

2016. 10. 4. 화요일

황의정(독자) / 맞어 맞다.

곽성구(독자) / 아득한 그 날이 지금의 그 날입니다.

가을햇살 나왔어요

어릴 적에 울 엄마가 그랬습니다.
"농사꾼들은
봄비에는 들로 나가고
가을비에는 집으로 들어오는 것"이라고

그런데 요즘
풍년이 들어도 쌀이 죽어가는 판에
서 있는 나락에 싹이 틀 정도로
정처 없이 가을비가 내립니다.

농사꾼 딸로 태어난 나는
고슬고슬한 마른자리에서
철든 고목처럼
차분히 비를 즐기고 있자니
살짝 미안해집니다.

오후! 가을햇살 나왔어요.
그 안에 평화로우소서!
여우마음

2016. 10. 5. 수요일

곽성구(독자) / 가을햇살, 그 가시네 속살 같아서 혼자 웃었네.

박응선(독자) / 속 타는 농민의 마음과 갈 곳 잃은 쌀의 마음을 헤아리다 지친 듯 가을비가 떠나고 파란 하늘이 가을마중 하는 오후입니다.

은목서 향기

비가 내려 가을답더니
가을햇살 내려
코발트 색상 하늘이 가을답습니다.

주말에는 산사음악회에 젖고
주일에는 예술전시에 젖고
제법 가을여자 다웠습니다.

오늘은
보고 싶은 사람들
가슴으로 가만히 안아보려 합니다.
은목서 향기 가슴가득 채워지겠지요?

가을다운 향기로 가득하소서!
여우편지

2016. 10. 10. 월요일

곽성구(독자) / 향기로운 여우편지에 가을이 전해 옵니다.

김　미(시인) / 가을을 품었네요.

김양호(시인) / 채색되어 갑니다. 이제 마음도 물들여 채워가야지요.

자급자족의 매력

남편과 식탁에서 마주보고
국정감사에 관한 이야기를 했습니다.

케리어를 끌고 돌아온 여인에게서
먼 나라 이야기를 전해 들었습니다.

지금은
내 가슴에 피고 있는
내 생각의 꽃을
들여다보고 있는 중입니다.
참 편안하고 안온합니다.

이것이
자급자족의 매력입니다.

가을의 안온함을 드립니다.

여우올림

2016. 10. 11. 화요일

임태성(독자) / 자급자족, 제 꿈이기도 하고 우리 아이들의 미래입니다.

양선희(독자) / 국감이나 지자체 감사나 국민의 세금이 아깝지 않기만을 바랄뿐입니다.

김혜경(시인) / 아름다운 시간이군요.

김영천(시인) / 대단한 식탁이구만.

어머니의 발가락

사흘 전
학교 텃밭에서 수확한
늙은 가지를 뒤적거리다 보니
마치
어머니 발가락을 닮았습니다.

툭! 끊어보니
가지 속 등고선에는
지난여름이 고스란히 묻어 있고
땡볕을 연모하다 몸살을 앓았던 흔적
그 진통이 옹이로 남아 있습니다.

어머니를 만난 듯
가슴이 아려왔습니다.

오늘은

그 늙은 가지 스틱으로 잘라
어머니 향기 같은 멸치액젓에 버무려
소주라도 한 잔 해야겠습니다.

행복하소서!
여우생각

2016. 10. 12. 수요일

박혜숙(독자) / 뭐를 봐도 그냥 지나치지 않으니 멋진 작품이 탄생하네.

김병찬(독자) / 늙은 가지에 대한 멋진 작품입니다.

등짝에게 미안합니다

피부에 좋다는 오이에
우유를 넣어 믹서해서는
들깨개피까지 넣어
먹어도 살로 가겠는데
이것을
얼굴에 마사지 했습니다.

물론
얼굴 뿐 이었겠습니까?
손닿는 곳이면 정성을 다해
내 몸뚱이 관리하다 보니
팔이 짧아 매만져주지 못하는 등짝에게
미안해졌습니다.

처신은 안면이 다하고
칭찬도 안면이 다 받고

안면이 잘 못한 손가락질은
내 등짝이 다 받고 있으니
등짝에게 정말 미안해졌습니다.

오후! 평화로우소서!
여우생각

2016. 10. 13. 목요일

이경자(독자) / 감사하게 편지 잘 받고 있습니다. 고마운 사람, 연인 같은 사람, 따스한 정서를 가진 언니로.

양선희(독자) / 가을에도 잘 있지요? 가끔 생각나는 사람입니다. 서로 잘 있게요.

푼수 되어보기

지인 한 분이
교회에서 권사취임을 하신답니다.
“좋으시겠어요. 축하드려요.” 하는 인사말에
“아이고 믿음이지. 믿음으로 그렇게
잘 살 수 있는 것이지.” 하십니다.

그렇습니다.
이 세상
절절한 믿음이거나
아니면
살짝은 반정신쯤으로 살아야
살아지겠던 것 아니던가요?
계절만 바뀌어도 미치겠는데 말입니다.

오늘 하루쯤은

픈수가 되어 보기로 합니다.
평화로우소서!

2016. 10. 14. 금요일

백수경(독자) / 픈수로 살기도 어렵습니다. 불금 픈수되시길...

이애련(독자) / 모든 스트레스 내려 놓고 하루쯤 픈수가 되어보는 것도 좋은 생각인 듯.

윤재혁(독자) / 맞는 말씀입니다. 그러고 싶습니다.

일상에 대한 감사

편안한 여행은 없습니다.
힘든 여행 끝에
기품 있고 편안하게 돌아갈 수 있는 내 집이 있어
여행이 아름답고 더 반짝이는 것입니다.

한웅큼 아팠습니다.
잠깐 스치는 몸살기라도
회복한 후에 안온해지는
이 평화로운 느낌은

긴 병실에서 갓 퇴원해 맞은 햇살이거나
힘든 여행 끝에 돌아온 내 집 같은
일상적인 날에 대한 감사입니다.

아프지 말아요.
여우바람

2016. 10. 18. 화요일

이경자(독자) / 아프셨군요. 시인은 저희보다 몇 갑절 계절을 타고 감수성이 풍부해서 그리 아프실까 염려했습니다.

희　정(독자) / 살아있음에 형언할 수 없는 감사함을 다 담은 멋진 글이에요.

오성수(시인) / 아픈 여우, 여우답습니다.

인연을 주워 담고

출근길 밥처럼 내린 안개를 주워 담아
하늘로 오르는 가을 햇살을 보았습니다.
가을은 온통 줍는 풍경입니다.

머리 풀고 드러눕는
수수를 줍고
잘린 모가지 통째 내어주는
서숙을 줍고
마당에 때려 눕혀 놓은
콩이며 녹두를 줍고
겨드랑이 액모처럼 피는
옥수수를 줍고
떠나야 할 때를 알고 갓 쓴 체 떨어진
알밤과 도토리를 줍고
주황색계절을 알몸으로 대들다 떨어진
홍시를 줍고
굳은 살 박힌 어머니 손등 같은

고구마를 줍고
바람에 흔들려 처절하게 떨어진
낙엽을 줍고
알곡과 이삭이 풍성한
가을을 줍는데
이 풍경 지켜보며 나무위에서 활짝 웃고 있던
석류의 말,
그래봤자 세상이라 합니다.

이 세상
괜찮은 사람이 너무나 많아
그 아름다운 인연 다 내 것인 냥
슬쩍 주워 내 주머니에 쿡! 찔러 넣어봅니다.
소중한 인연에 감사합니다.
여우인사

2016. 10. 19. 수요일

귀한 인연들을 품기로 합니다

내 속살을 가장 가까이에서 부비며
정을 나누던 세월이 참으로 깊은데
요즘
내 마음 밖으로 내 보내는 중입니다.

다우다 잠바 하나도
귀하게 입었던 시절이 있었기에
옷이라면
유행이 지났다하여
내 몸에 맞지 않는다 하여
함부로 버리지 않는 편인데
요즘
내 옷장에서 하나씩 내리는 중입니다.

지역 성당 나눔 행사에 보내지는 것이라
어느 주인을 만나도 홀대 받지는 않겠지만
그와 내가 처음 만났을 때

화장기 없는 얼굴이라도
화사하게 배경이 되어 주었던 그를 보내자니
미안하고 마음이 짠해 옵니다.

하물며
속살보다 더 깊은 마음을 나누다
가슴으로 밀어내는 일은 없어야겠지요?
세상에는 품었다가 버릴 사람은
정말 없을 것 같습니다.

오늘 귀한 인연들을 품기로 합니다.
여우생각

2016. 10. 20. 목요일

김영승(시인) / 저도 귀한 인연들을 다시 한 번 가슴에 새겨두겠습니다.
김재선(시인) / 긴 여운이 가슴을 아리는 여우생각이 갈수록...

법을 고민하다

지인께서 생일을 맞아
꽃 한 바구니 보내드렸습니다.

무엇을 해 드릴지 고민보다
법에 저촉되는 것인가 고민입니다.

담 너머 걸린 감이
내 것인 냥 따 먹고
딸 부잣집 목화밭 다래가
내 것인 냥 따먹고
한 겨울 식량이 될 가난한 집 고구마가
마치
우리 밭인 냥 파먹던…

그런 시절에 살아온 우리들이
이런 시절에 살고 있음이 슬퍼지려 합니다.

사람이 꽃보다 아름답다는데 말입니다.
여우생각

2016. 10. 21. 금요일

김혜경(시인) / 세상이 아름답게 변해가기를 기도합니다.

이애련(독자) / 그러게요 정 표시를 하고 싶어도 이거 걸리나? 걱정되니 한숨만 나옵니다.

고독을 위하여

"누님 운동 좀 하세요? 걷기가 좋아요."
운동을 싫어하는 내게
동생이 안부 전화해서 하는 말입니다.
"걷는 거? 고독해서 싫어." 했더니
"운동은 혼자만의 시간을 갖고
고독하기 위해서 하는 겁니다." 라면서
애써 운동을 권합니다.

걸어서 채워지는 건강보다
고독으로 비워내는 홀로됨이라는
동생의 표현에
매력을 느낍니다.

이맘때
꼭 해야 하는 운동을
이제는 지체하지 않고 해야 할 것 같습니다.

우리
건강하시게요.

2016. 10. 22. 토요일

김재선(시인) / 고독 속에서 더 좋은 시상 떠오르시기를…

노용례(독자) / 혼자 운동은 누구와도 보조를 맞추지 않고 신경 쓰지 않아도 마음이 편해서 좋아요. 자주 편지 받다보니 나도 시인이 된 기분이요.

미완성된 세월

어제
요양원에 다녀올 기회가 있었습니다.
인생의 답안지를 쥐고도
아직 미완성된 세월이 하얗게 누워계셨습니다.

희망과 기쁨,
그리고 축복이 걸려있는
신생아실에서

좌절과 슬픔,
그리고 고독이 걸려있는
요양병동까지의 거리는
간만의 차 아니겠습니까?

아직 가슴이 많이 아립니다.

교정에 고목되어 서 있는 은행잎
다발이 떨어지는 오후에
오늘의 안부 여쭙니다.
여우기별

2016. 10. 24. 월요일

최영복(시인) / 이제 여우도 살아가는 삶에서 요람에서 무덤까지 알파와 오메가를 알아가는 느낌을 주네요.

김은순(수필가) / 아하! 우리가 거쳐야 할 공간이 아직은 낯설기만 하지 않던가요?

함께 흔들린다는 것

보통 나무는
잔바람에 잔가지 흔들리다
센바람에 나무가 흔들리건만
문득
운동장 한켠 대나무 숲을 바라보니
이 가을바람에도 온 몸이 함께 흔들려
파도를 이룹니다.

부딪히는 소리가 소란하여
사연도 많아 보이건만
저토록 한데 뭉쳐 흔들려 주는 것이
참으로 의리 있어 보입니다.

살다가 어느 한 날 궁지에 몰려
옴짝달싹 못하게 되는 순간이거나
크고 작은 실수로 모두가 잘잘못을 따질 때

온 몸으로 함께 흔들려 위로가 되어 줄
그런 친구하나 그립다는 생각을 해봅니다.

녹색파도가 출렁이는 특별한 가을입니다.
여우편지

2016. 10. 25. 화요일

김양호(시인) / 바람부는데로 살자니 걱정이고 버티고 살자니 걱정이고 이게 인생인가 싶습니다. 잔바람 센바람 함께 흔들려줄 사람이 늘 그립습니다.

황의정(독자) / 좋아라. 매일매일 좋아라. 시인의 안부가.

김영천(시인) / 곧 여우네 골짜기에도 찬란한 색깔의 파도가 밀려오겠지요?

그땐 그랬었지

우리지역 문화원에서 오늘부터
"그땐 그랬었지" 사진전이 열립니다.
어제 잠깐 들러
깊은 세월 속에서 달달하게 누워 보았습니다.

옛날 기억속에 들어가면
말로는 "좋다"라면서
가슴은 어째서 흑백사진처럼
색깔도 없이 아파오던지요?

세상은 더 없이 좋아졌건만
떠나버린 사람들에 대한
그리움일지도 모르겠습니다.

오늘
이 세상사람 말고

저 세상사람 살짝 떠올리며
가을 같은
황혼 같은
아름다운 추억 한 자락 꺼내 볼랍니다.

추억처럼 아름다운 날 되소서!
여우올림

2016. 10. 26. 수요일

노용례(독자) / 흑백사진, 옛추억 좋지요. 아무 생각 없이 철없던 시절이 그립네요. 그 청춘 다 가고 가을 단풍처럼 물든 청춘이네.

임영열(독자) / 간만의 차! 시인이란 그런 존재이지요. 찰나의 아름다움을 노래하는...

안방으로 들어온 바닷물결

지인께서 보내신 택배하나를 받았습니다.

산고 후에 보내 온
외숙모 정성 같은 미역과
묵은지와 보리밥의 내 도시락 너머로
은빛 고급스러움이 부러웠던
희자 도시락에 담겼던 멸치가
이중색깔을 띤 보자기에 바다를 싸매고
배달되어 온 것입니다.

여우둥지에
뜬금없는 아기 냄새가 풍기고
남부러울 것 없는 부자가 되어
온통
바다물결로 밤새 내내 출렁입니다.

감사하고
행복해서
하마터면
소리 내어 울 뻔 했습니다.

이렇게
감사한 하루를 나눕니다.
여우드림

2016. 10. 27. 목요일

김경미(독자) / 시인님을 만나 행복합니다. 가슴속에 꿈틀거리는 열정, 끼를 느꼈습니다. 멋지세요.

신지영(시인) / 여우는 좋겠다. 추억을 가득 담은 택배 하나 받았으니, 밤새 울어도 웃음꽃 피우것다.

알뜰한 마음을 드립니다

수선스럽지 않는 가을비에도
국화가 피어나고
은목서 향 짙어지고
단풍이 젖습니다.

풍요가 지천인 가을에도
가슴을 텅 비우게 하고
뒷모습을 쓸쓸하게 하고
누구라도 함께 어깨를 겨누고 싶은
알뜰한 마음이 생깁니다.

그 알뜰한 마음을 허실 없이 드립니다.
여우올림

2016. 10. 28. 금요일

김경미(독자) / 비내리는 가을 날 시인님의 알뜰한 마음 받습니다.

박철주(독자) / 시월도 다 가네요. 만추의 길목에서 건강하게요.

김나연(독자) / 늘 좋은 글 받아 읽으며 마음까지 편안해지는 호사를 누립니다. 감사합니다.

텔레파시를 전송하다

한 번도 부르지 못하고 보내버린
시월의 노래들이 있습니다.
한 번도 입어보지 못하고 지나버린
이 계절의 의복들이 있습니다.
기억하고 살아야 할 인연들을 잊어버리고
시월이 지나가고 있습니다.

이쯤이면
나직한 텔레파시라도 전송하여
내가 그를 기억하고
그가 나를 기억하는
시월의 마지막 날이었으면 참 좋겠습니다.

따뜻한 국향 그윽한 차 한 잔 드려요.
여우올림

2016. 10. 31. 월요일

김경미(독자) / 서로 기억할 수 있는 시월이기를…감동입니다.

박홍심(시인) / 영암의 국향이 전송되어 오는 듯 합니다.

노정순(독자) / 빛이 된 시인님의 작품을 받아 읽으며 마음까지 정화된 느낌입니다. 꿀꿀할 때 힘이 됩니다.

남자 곁에 여자의
여자 곁에 남자의
고른 숨소리 마저
소중하고 감사가 되어주는
결국에 끝은
참 기막힌 인연으로 남습니다.

가을편지—Ⅲ

기막힌 인연

나이 듦의 특권

날씨가 많이 쌀쌀해졌습니다.
기상청 예보에
구름이 많이 낀다 하여
바람이 불겠다 하여
11월부터 추워진다 하여

구름을 가두고
바람을 일으켜
춥다 움츠리면서
우리들 마음까지 따라하지 않기로 해요.

이맘 때 쯤
언덕 높은 밭두렁에 기대어
황토 묻은 물고구마 꼭지 잘라
쪼욱 빨아 먹던 기억이
아직

뜨끈뜨끈 하게 남아 있잖아요?

깊은 추억이 있어 따뜻할 수 있는
나이 듦의 특권입니다.
따뜻한 11월 통째 드려요.
여우편지

2016. 11. 1. 화요일

조영주(독자) / 항상 당당하면서도 좋은 글로 위로해주는, "툭"기억을 살려주는, 호박고구마의 쭈욱 빨려드는 맛을 추억 속에서 훈훈함이 깃든 가을정서 감사합니다.

박숙자(독자) / 아! 그때 그 고구마 먹고 싶네.

거짓말쟁이가 되어

시인은
힘들어도 살아볼만 한 세상이라고 쓰고
어려워도 아름다운 것이 세상이라고 쓰고
밥이 아니라도 풍요롭다고 쓰고
혼자라도 여럿인 것이 세상이라고 썼습니다

그렇게 써 놓고는
위정자들의 놀음에
죽도 밥도 아닌 세상이 되어
시인만 거짓말쟁이가 되어 버렸습니다.

가장 슬픈 가을이 될 것 같습니다.
여우생각

2016. 11. 2. 수요일

이상식(독자) / 그래도 정의의 위정자들이 있기에 죽과 밥이 구분되지 않을까요?

김영천(시인) / 세상쪽으로 얼굴 돌리지 마시게.

말의 꽃 한 다발

싹을 트고 잎이 나서
보기 좋게 무성하건만
어떤 꽃이 피어날지
궁금해지는 식물이 있습니다.

평소 말이 없던 그녀가
말의 물꼬를 텄습니다.

말은 그 사람이 피워 낸 꽃이기에
드디어
어떤 색깔과 어떤 모양의 꽃인지
말의 물꼬를 터보니 알 것 같습니다.

오늘
내게 담긴 언어를 충분히 주물러
아름다운 말의 꽃 한 다발 드립니다.

행복하소서!
여우정성

2016. 11. 3. 목요일

김영천(시인) / 시 공부는 말과 마음을 잘 섬기는데 있다하네.

박혜숙(독자) / 쉼 호흡으로 나를 다스리며 아침편지 읽고 그나마 마음 편해짐을 느끼며 시인처럼 더 성숙해지기를...

김병찬(독자) / 여우님 정성에 감사합니다. 가을은 더욱 깊어지는데 아직 여유 없이 바쁘네요.

애국의 물결

이맘때면
단풍이 어디쯤 물들어 오고 있는지
윗녘에서 아랫녘으로
가을기별을 보내오고
아랫녘에서 윗녘으로
가을여행을 즐길 시절이건만

수고스럽게 물든 단풍마저
피멍들어 떨어지는
마치
이 나라의 심정 같습니다.

특별한 애국자가 아니라도
특별한 애국의 물결이
가난한 농부의 들판처럼 출렁이는 요즘

주말과 주일
여전히 잘 보내셨지요?
평화로우소서!

2016. 11. 7. 월요일

이상식(독자) / 나랏일은 나으리들이 잘 할 줄로 믿으나 현실이 그렇지가 않는 것 같아 심히 우려됩니다.

곽성구(독자) / 너무 맘 상하지 마세요 현세는 위정자들을 백성이 가르치면서 가야 하니까.

가을을 드립니다

이맘 때
채전 밭 파랗게 올라오는 무
그 풍경 생각하다
문득
무생채를 만들기로 했습니다.

여름 햇빛이 다녀간 무 속살이
그지없이 탱탱하고 촉촉하여
백옥같이 희고 곱습니다.

지금 내 몸 속에서는
무슨 일이 일어나고 있는지는 모르겠으나
가을에서 넘치지도 부족하지도 않는
선명한 주황색이었으면 참 좋겠습니다.

그래서

마음으로부터 아직 선명한
가을을 드리고 싶습니다.
평화로우소서!
여우드림

2016. 11. 8. 화요일

이상식(독자) / 선명한 주황색의 가을을 인삼 같은 무생채 드시고 월출산 탐방으로 만끽하십시오.

김재균(독자) / 매콤 달콤 새콤한 무생채 맛있지. 옛날 사랑방에서 무 통째로도 많이 먹었는데, 옛날이 그립네.

건강을 기도합니다

우리 사는 동안
몸으로 오는 아픔이거나 불편함이란
바람처럼 잠시 오고 가고 하는 것을

의사의 진단을 믿는 마음이 클 때는
내 몸 속에서
일어나고 있는 일을
나도 모르고 있다는 생각을 하고

의사의 진단에 믿음이 깨질라치면
내 몸은
내가 가장 잘 알고 있다는 생각을 하고

내 몸 속에서 나오는
내가 하는 말에도
바람이 묻어내는 순간마다 다르니

사는 일
그지없이 어리석음을 고백합니다.

뜬금없는 일이 아닌
건강을 기도합니다.
여우기도

2016. 11. 10. 목요일

김혜경(시인) / 몸도 마음도 사회도 내 주변도 모든 것이 건강하기를 두 손 모읍니다.

이경란(독자) / 그러게요, 다들 그렇게 생각하고 삽니다.

빼빼로의 날

홍수처럼 전해오는 영상과 보약과 풍경들이
카톡세상에 가득합니다.

오늘은
질펀한 술 한 잔이라도
촉촉한 차 한 잔이라도
목젖 넘기기 전에 바사삭 부서질
빼빼로 한 줄이라도

눈빛 마주보고
두 손 마주잡고
참 좋은 사람과 함께 하고 싶습니다.

함께 있어서 행복해지는 하루되시게요.
여우생각

2016. 11. 11. 금요일

임태성(독자) / 해피! 빼빼로!

윤영훈(시인) / 흔들리는 세상 바로 설 수 있도록 우리의 전통음식 가래떡을 나누고 싶은 오늘입니다.

정경민(독자) / 날씬해지고 빼빼로 주고 받는 것이 처음 시작이라네.

이금진(독자) / 요즘은 가래떡으로도 빼빼로데이 행사를 치룬다는데...

가을을 남기는 갈대

하도나 고즈넉하여
차라리 숙연해집니다.

속 깊은 어른스러움에
자연스레 고개 숙여집니다.

빛처럼 화려하여
입 열고 우러릅니다.

월출산 아래에 가을을 남기는 갈대가
이토록 깊고 깊어

오늘은 여우도 하얀 분칠하여
성숙한 가을이고 싶습니다.

가을과 함께 앉아

평화로우소서!
여우편지

2016. 11. 14. 월요일

이상식(독자) / 눈 먼 장님도 가을을 만끽하겠지요. 하얀 분칠하여 마지막 가을 고즈넉하게 가지십시오.

김순실(독자) / 덕분에 바쁜 일상속에 잠시 가을을 느껴보네.

박경옥(독자) / 나와 함께 무엇인가를 같이 공감하고 느낄 수 있다는 것은 보통의 일은 아닙니다. 좋은 글로 공감하고 행복 합니다.

노란색 하루를 드립니다

아직
그이 오신다는 기별도 없는데
옷부터 훌훌 벗어 내리는 것이
뜬금없는 일이 아닙니다.

맨몸으로 기다려야 할 때를 알아
저토록 고운 옷을 흘러내리는
은행잎의 도발에
내 마음은 질투심으로 가득합니다.

오늘
노란 카펫 위에 드러누워
반란이라도 일으키고 싶습니다.

노란색 고운하루 드려요.
여우올림

2016. 11. 15. 화요일

이근모(시인) / 싯적 은유에서 흥분하는 독자 있을 듯.

곽경구(독자) / 노란 옷을 훌훌 감기조심하세요.

조신영(독자) / 나의 주변 공간을 무심히 스쳐 살아가면서도 박시인님의 글을 읽다보면 엄청난 공감으로 다가옵니다. 그래서 행복하고 따뜻해집니다.

말 한마디의 따뜻함

일 년 내내
해도 너무합니다.
에너지는 바닥이고
내과, 정형외과, 치과, 피부과
몸살감기에
오늘은 이비인후과까지…

그런데
속이 다 보일만큼 입을 열게 해 놓고서
"아이고 많이 아팠겠구나"라는
연세 지긋하신 의사의 말에
따뜻하고 부드럽게
내 입 속으로 들어오는 순간
내 몸 컨디션은 상승하고 있었습니다.

혹독한 갱년기거나

몸이 아플 때의 처방은
말 한마디의 따뜻함이라는 것을 알았습니다.

따뜻한 마음 한 자락 전송합니다.
여우드림

2016. 11. 23. 수요일

김영선(독자) / 따뜻한 기운 받아 온전한 몸 찾으시길 기원합니다. 에너지 넘치는 모습 보고 싶네요.

임영열(독자) / 한 동안 여우 편지가 배달이 안 되나 했더니 아팠군요.

기막힌 인연

수십 가지 결혼의 조건을 따지다가
결국 시작은
남자와 여자라는 조건이면
되는 것입니다.

하늘 가려진 둥지에서
알콩달콩 살붙이도 되었다가
타드락타드락 천리 밖으로 밀어냈다가

지천명에 이르니
남자 곁에 여자의
여자 곁에 남자의
고른 숨소리 마져
소중하고 감사가 되어주는

결국에 끝은

참 기막힌 인연으로 남습디다.

소중한 하루 되소서!
여우바람

2016. 11. 24. 목요일

곽성구(독자) / 결혼생활 교훈이 담긴 교과서입니다.

차행득(시인) / 불혹에는 넘쳤고 이순만 되어도 좋더이다. 어느새 어느 사이?

겨울편지

그리움이 그립고
외로움이 차지게 센티해지며
사랑을 참는 일이 얼마나 아름다운지
알 것 같은
오늘 같은 날이 참 좋습니다.

겨울편지—I

카타르시스를 전송합니다

순천에서 온 기별

저쪽
순천에
홍매화 피었다는 기별에
하룻밤 사이 열병을 앓습니다.

이번 봄
열병은
한 겨울 감기보다
훨씬 오래갈 것 같습니다.

아직
얼어붙은 별이
하늘에 박혔던데.
여우편지

2015. 1. 31. 토요일

김명숙(독자) / 어쩌면 이렇게 감성적이고 세상을 아름답게 표현을 하는지 감사하고 행복합니다.

백수경(독자) / 시와 때에 맞는 좋은 글을 매일 대할 수 있어 행복합니다.

이도선(독자) / 여우기별에도 봄꽃이 필 것 같습니다. 날마다 보내주시는 여우기별에 내 마음도 열병을 앓을 것 같습니다.

그대로 이대로

일월에나 십이월에나
내가 사랑하는 사람들이
건강한 모습
그대로라서 행복합니다.

일월에나 십이월에나
내가 건강하여
그대에게 다시 편지할 수 있어서
정말 다행이고 행복합니다.

십이월이 가고
또 십이월이 거침없이
다시 오더라도
늘 이랬으면 참 좋겠습니다.
여우바람

2015. 12. 1. 화요일

백수경(독자) / 중독될 것 같아요. 멋진 시로 매일 행복합니다.

박혜숙(독자) / 날마다 좋은 글 받아 이런 호사에 감사!

김미숙(독자) / 이 봄에도 여전히 멋진 시인님 늘 변함없으시기를 기대합니다.

새 날은 선물처럼

크리스마스라 하여
덕담과 용서
그리고 사랑이라는 오늘
어떻게 지내고 계신가요?

때로는
사람이 사람을 미워하면서
스스로
외롭고 괴로웠던 날들

그렇게
처음과 새것은 달콤한 긴장입니다.

처음 눈을 떠서 세상을 바라보는 아이처럼
새 빛으로 돋아날 새 날들을
선물처럼 풀어서

하나씩 하나씩
평화로움으로 만들어가요 우리!
여우바람

2015. 12. 25. 금요일

이매훈(수필가) / 소중한 인연이 되어준 그대 감사합니다. 가끔씩 그대 보고 싶어집니다.

이춘배(수필가) / 고운 글에 공감과 감동을 보냅니다.

립 서비스

올 해 다 가기 전에
밥 한 끼 먹자는 편지가
11월부터 폰 안에 가득하더니

올해 다 가기 전에
술 한 잔 하자는 문자가
11월부터 폰 안에 가득하더니

이제 사흘 남은 올
시간과 장소 보내 온 메시지나
전화 한 통화로
밥 한 끼 술 한 잔 하자는 사람 없습니다.

생각해보니
립 서비스만큼 설레는 것도
아름다운 것도
없는 것 같습니다.

우리는 새 해에

새롭게 만나

술 한 잔 꼭 할 수 있었으면 참 좋겠습니다.

여우바람

2015. 12. 28. 월요일

이경아(독자) / 여우님께서는 늘 바쁘셔서 내 차지는 아니 될 것 같아 연락 못 드렸습니다. 오늘 저녁식사 함께 합시다.

박숙자(독자) / 마음에 콕! 박히네요.

세모 이야기

잠시 졸았던 것 같은데
잠시 꿈을 꾼 것 같은데
문득
소나기 한 바탕 지나간 것 같은데

스치는 바람에 눈 발 날리고
귓가에서 소곤대는 세모이야기

정녕
그 모든 순간이
허무가 아닌
아름다운 삶의 추억이었기를
여우생각으로 전송합니다.
여우드림

2015. 12. 30. 수요일

박응선(독자) / 뒤돌아 볼 줄 모르고 앞만 보고 달려오다 늙어버렸네. 이제라도 좌우전후 돌아보며 살라우 여우님 글에 마음이 편해지는구려.

위종만(독자) / 덕분에 감수성 풍부한 소년이 되어갑니다.

김삼중(독자) / 매사 일상이 시가 되는군요. 시를 모르는 제가 읽기에 정말 편하고 마주보고 나누는 이야기 같아서 좋습니다.

문 활짝 열어 두고

아깝고 아깝고 아까운
올 한해가 다 닳아져 버렸습니다.

그래도
버릴 줄 알고 품을 줄 알게 된 나이 듦이
감사일 때도 있기에
또 새해를 맞으려
문 활짝 열어 둡니다.

참 좋은 그대를 더 아끼고 사랑할 수 있는
마음도 넉넉하게 받아 두겠습니다.
평화로우소서!
여우안부

2015. 12. 31. 목요일

정길자(독자) / 어느 순간부터 박시인의 글에 중독되어가고 있는 느낌.

노용례(독자) / 시인의 글을 보면 옛 추억도 되새겨보는 어린시절 그리운 좋은 추억입니다.

신영식(독자) / 언제나 날마다 받아보아도 글이 참 예뻐요. 새해에도 보람된 일들 가득하시고 답장 보내지 않아도 계속 좋은 글 부탁해요.

새해 안부

새해 해돋이를 찾아
동해 그 푸른 바다거나 높다란 산이거나
쉼 없이 숨 고르며 발걸음 내 딛는
그 무리에 끼어들지 못하고
습관처럼 사우나 냉, 온탕 오가며
둥근 해를 긷는다.

새해는 친구들 볼 부비는 날 많아지기를,
눈물 많은 이들의 친구일 수 있기를,
소외된 아이들의 이웃으로 살기를,
가면 쓴 무리들 앞에서 더욱 당당해 지기를 빌었다.

밟혀도 다시 일어서는 잡초처럼
여전히 민초의 삶이기에
사랑하고 또 사랑하는 마음으로

새해 안부를 전한다. 친구여!
여우편지

2016. 1. 1. 금요일

정길자(독자) / 한 편 한 편의 시가 날아올 때마다 멀리 있는 그 거리가 차츰 차츰 좁혀지는 듯, 친구야 건강하자.

김영숙(독자) / 멋있게 사시는 시인님 사랑합니다.

김상균(독자) / 이곳 홍콩에서 이렇게 작가님의 글을 받으니 우리나라가 더욱 그립습니다. 새 해 복 많이 받으시고 웃음 가득하시어 대박 나는 한 해 되시기를 기원합니다.

추억 한 줌

겨울까치의 죽음 소식은 아직 없습니다.
일월 중순의 창밖을 자꾸 주시 합니다.

눈이 많이 올까 걱정이고
눈이 안 올까 걱정인 것이
철부지도 되었다가
어른도 되었다가

춥지만 뜨끈뜨끈한
추억 한 줌 삼키며
견뎌 보기로 합니다.

따뜻한 해질녘
여우바람으로 전송합니다.

2016. 1. 20. 수요일

조강국(시인) / 반가운 카톡 소리 바로 텃치 해서 읽습니다. 그리고 빙그레 웃습니다.

오동학(독자) / 기가 막히요 작품이…

하경선(독자) / 항상 좋은글에 위로받습니다. 힘이 되고 활력이 됩니다.

여우 세배

문지방에 신발도 쌓이고
얌전한 명절 밥상에 맛난 것도 쌓이고
우리들 마음에 깨소금 같은 우애도 쌓이고

행복으로 가득 채워지는
설 연휴 되시기를 기도드리며
여우 세배 올립니다.
여우세배

2016. 2. 5. 금요일

차행득(시인) / 한 해를 보내며 못내 아쉬운 길 겹겹이 쌓이는 낫살은 그대와 나 사이에 층층 쌓여가는 끈끈한 우정이라 여겨 탓하지 않을래요.

정인태(시인) / 글이 일취월장. 감칠맛 납니다.

김미선(독자) / 여우님 글은 감정과 일상이 그대로 보입니다. 열심히 사시고 쓰고 또 쓰고 대단하십니다.

아들이 보내온 카톡편지

삼경이 넘은 시간에 도착한 카톡편지!

“엄마 미안하네.
그렇게 몸이 많이 안 좋아지는 걸 몰랐네.
내가 해줄 수 있는 것도 없고
표현이라도 할 수 있으면 좋으련만
생각만 깊어져 잠 못 이루다 편지하네.
엄마 잘자.“

내가 겪어 지나온
아들의 사춘기 때
나는 힘들다 표현했으련만

아들이 겪어보지 못한
나의 갱년기를
아들은 헤아리지 못해 미안하다 합니다.

부모를 철들게 하는
아이들의
참 기특한 마음을 나눕니다.
여우올림

2016. 12. 2. 금요일

이경자(독자) / 눈물이 핑 돕니다. 아들의 마음이 전해집니다.

이수희(독자) / 기특한 아들, 파이팅입니다.

조영주(독자) / 정 깃든 표현들이 머무는 곳, 다정함으로 뿌듯해지는 행복입니다.

소중한 어깨동무

그닥 친하지 않아도
어깨 한 번 톡톡 쳐주는 작은 관심으로
힘이 될 때가 있습니다.

빛으로 남을만한 언어는 아니라도
짧은 안부편지가 관심이라 여겨져
명주실 끈으로 남기를
커피 한 잔과 함께
연줄에 걸어 보냅니다.

한 주!
다시 삶의 터에서
쌀을 일러야 하는
그래서 더욱 소중한 우리의 어깨동무

아침 첫 호흡을 전송합니다.

여우올림

2016. 12. 5. 월요일

박응선(독자) / 스산한 바람을 이기고 내 곁까지 찾아온 아침편지가 인연의 끈의 소중한 선물입니다.

이경자(독자) / 어깨동무 언제나 콜입니다.

김영천(시인) / 그 줄 붙잡고 한 주 시작합니다.

김정평(시인) / 그 열정 그 정열 어디에 비교를 해야 할지 늘 변치 마오.

내 지인으로 계심을 소중히 여기겠습니다

도갑사길 오르던 가을빛도
이미 하산하여
하얀 서릿발 이고
영산강가에 드러누울 것이 뻔합니다.

올 때부터 알아봤습니다.
오던 길이 있었으니
갈 길도 익혀두고 왔으리라
그리 생각했습니다.

떠났다가 다시 올망정
영원히 곁에 계시리라는 생각은
하지 않겠습니다.

지금
내 곁에

내 지인으로 계심을 소중히 여기겠습니다.
고뿔 비켜 앉아 평화로우소서!
여우편지

2016. 12. 6. 화요일

양선희(독자) / 올 때부터 알아볼 수 있다니 얼마나 좋은가요? 왔다 갔는지도 모른 체 한 참을 지나 우연히 기억을 더듬을 때 그것이 그 의미였구나 하면서 많은 것을 지나칩니다.

이상식(독자) / 계절은 다시 오지만 과거는 다시 오지 않기에 현실을 즐기겠습니다. 은덕에 오늘도 평화입니다.

대설

대설입니다.
훌훌 벗어 던지고
슬슬 밀어내고
가까운 것들이 귀찮은 계절보다는

실오라기라도 끌어 들이고
체온을 품고 싶고
따뜻함이 그리운 계절이
그래도 정겹지 않던가요?

눈 내리면 내리는 대로 걱정
안 내리면 안 내리는 대로 걱정
어른인 것이 참 싫습니다.

겨드랑이에 책 한 권 끼고
어영부영 해찰부리고 싶은 날

안부 여쭙니다.

여우안부

2016. 12. 7. 수요일

문정권(시인) / 언제나 스스럼없이 떠오르면 설레이게 하는 마법의 글에 감사해요.

김현숙(아동문학가) / 어영부영 놀러가고 싶어요.

장윤호(시인) / 대설, 그 동네 눈오면 달려갈지도 몰라. 눈 기다리는 하루, 재밌겠다.

모범답안의 세월

"어서 죽어야 쓸것인디
죽는 일 맘대로 못하고
낼이라도 어서 죽어 부렀으믄 좋겄소."

선달 해도 짧은데
동 트자마자
동네 의원 앞 시멘트 바닥에
줄줄이 앉아 나눈
어르신들의 대화가 이렇습디다.

"아이고 죽고 싶단 말도 다 거짓말이여!
쬐깐 아프믄 병원부터 달려감서
죽고 싶단 말 다 거짓말이여!"
그 풍경 바라보는
젊은이들의 대화가 이렇습디다.

그런데
단박에 쑤시고 아픔이 급한게지요.
어디
오래 살아야겠다는 욕심이겠습니까?

오늘 문득
모범답안의 세월들이 참 짠하고 안쓰럽습디다.
건강 챙기시게요.
여우바람

2016. 12. 8. 목요일

박숙자(독자) / 워따메 그것도 시로 승화시켜부렀는가?.
이애련(독자) / 공감가는 이야기네요.

호가 필요합니다

손가락 살짝 베이거나
무릎 살짝 깨지면
빨간 약 발라주시고
호-
옥도정기 보다
위로가 되는 어머니의
호-가 약이 되었던 때가 있었습니다.

소설보다
기막히고 황당함이
밥을 소화시키는 세상에
더워진 체온으로
호-해 주는 여유로움으로
서로에게

위로가 되었으면 참 좋겠습니다.

여우바람

2016. 12. 13. 화요일

김병찬(독자) / 지금은 호가 필요합니다.

이근모(시인) / 호- 나의 입김도 보내드립니다.

권개화(독자) / 맞아요. 맞아요. 그랬어요. 어쩜 이렇게 옛 생각 새록새록 나게 하시는지 빨간 약.

그리움의 할증

첫 눈이 자동차 앞 유리에
밥풀처럼 달라붙습니다.

그리고는 금방
숭늉으로 흘러내립니다.

그리움과 목마름에도 할증이 붙는 것

첫눈이 할증 붙어 쌓이면
우리들의 마음도
훨씬 따뜻해지겠지요?

포근한 하루 드려요.
여우드림

2016. 12. 15. 목요일

이근모(시인) / 밥풀, 숭늉, 포근함, 마음이 활활 타시네요.

박웅선(독자) / 여우님의 아름다운 마음의 글 읽으며 하늘을 봅니다. 첫눈 맞는 기쁨보다 포근한 마음.

여순영(독자) / 여우님글에 중독되어갑니다. 아침이면 여우님 시를 기다리게 됩니다.

무한리필

지나다 보니
고깃집 출입구에
야채가 무한리필이라 써있고
근사한 카페에
커피가 무한리필이라 써있습니다.
야채거나 커피거나 무한리필이라니
세상 어디 공짜 있겠던가요?

무한리필 일 것 같았던
사랑하는 이의 관심도
세월가면 퇴색되어 가는 것을,

그러고 보니
세상 그림자까지 거두시고도
내게 무한공짜였던 무한리필!

내 어머니 같은
무한리필의 사랑을 품고 싶은
애틋한 연말입니다.

평화로우소서!
여우올림

2016. 12. 19. 월요일

조영주(독자) / 어머니 품 안인 냥 포근한 사랑을 무한리필 하는 사회로 만들 새해 드립니다.

이근모(시인) / 무한리필의 의미를 새긴 글 감사히 배독합니다.

내게 보내온 시詩

요즘
만나는 사람마다
연말모임 때문에 바쁘다 합니다.

나는
사람에 걸려
무너지거나 다치는 것이 두려워
사람에게 편지를 쓰고
내가 받은 냥
또 다시 내가 읽으며 지내기에 바쁩니다.

그런데
고은 시인의 〈거기 그대와 나〉를
우선 나에게 보낸다는
오늘아침 지인의 편지가
뜬금없는 연말모임처럼
나를 설레고 바쁘게 합니다.

이렇게 화사한 하루 전송합니다.

여우드림

2016. 12. 20. 화요일

김현숙(아동문학가) / 하루 하루 늘 감동입니다.

임화정(독자) / 아무튼 읽을 때마다 느낍니다. 정말 놀라워요.

퇴직인사

종교를 물으면 기독교라 말해 놓고
신앙심은 물론이거니와
성경말씀과 주일을 섬기는 일,
단 한 가지도
순종하기가 참으로 어렵습니다.

그런데
청춘을 공직에 머물다
무사히 정년을 맞는 일은
어쩌면
신앙을 갖는 일보다
더 어려운 일이라는 생각을 해 봅니다.

연말인사 속에
퇴직인사까지 받는
내 가까운 지인들이 존경스러운 요즘

오늘도 무사하시길 기도합니다.
여우기도

2016. 12. 21. 수요일

오동학(독자) / 공감되는 말씀입니다.

임미화(독자) / 생각해보니 참 그렇네요.

이애련(독자) / 정말 공감합니다. 퇴직을 앞두고 지나온 세월 생각해보니 시인님의 글에 절대공감입니다. 늘 감사합니다.

백수경(독자) / 그러니까요. 무사히 퇴직하는 일도 쉽지 않습니다.

시인의 길

먹고살기 위하여
돈 버는 일이 직선이라면
아름다운 예술을 위하여
돈도 안 되는 일이 곡선이라면

직선과 곡선은
나란히가 아니라
서로 스며들어 살아야
삭막하지 않습니다.

어제
영암 낙지마을에
시비 하나 세워 두었습니다.

이것이
세상 속으로 스며드는
시인의 길입니다.

이렇게
함께 스며들기를 원합니다.
여우바람

2016. 12. 22. 목요일

전종환(독자) / 와 정말 좋은 소식입니다.
김재균(독자) / 아주 자랑스러운 흔적이네요.
장윤호(시인) / 축하합니다. 보러가야겠네요.
김은순(수필가) / 직선과 곡선의 폭죽을 터뜨립니다.

응원합니다

"건강해라, 복 받아라,"
흔하고 쉽게 하는
인사말이라 여겼는데

아파 보니 건강 하라는 말이
얼마나 위로가 되는지
힘들어 보니 복 받으라는 말이
얼마나 의욕이 되는지
돈보다 값지고 고마운 말입니다.

요즘
응원한다는 지인들의 메시지와 박수가
정말 내가 잘한 것 같은
그래서 더 잘하고 싶어지는
응원이 됩니다.

오늘의 소소한 일상을 응원합니다.
여우박수

2016. 12. 23. 금요일

이상식(독자) / 상투적인 말도 고맙지만 실질적 글톡 메시지의 응원에 감명받습니다.

조기호(시인) / 소소한 일상, 응원 감사합니다.

박정숙(독자) / 한 해 동안 너무 감사했습니다. 좋은 글 읽으며 울다 웃다 또 미소지을 수 있는 글로 나를 잔잔히 흔들어 놓았습니다.

카타르시스를 전송합니다

여덟 살 때부터 보리쌀 끓여 밥을 하고
농사일을 거들었던 까닭에
여유로운 흐린 날이 좋았습니다.
늘 그립던 엄마냄새가 좋았고
눅눅한 공간에 여유로움이 좋았습니다.

지금도 흐린 날이 좋습니다.
그리움이 그립고
외로움이 차지게 센티해지며
사랑을 참는 일이 얼마나 아름다운지
알 것 같은
오늘 같은 날이 참 좋습니다.

쉬어가는 마음 한 켠에

카타르시스를 전송합니다.

여우올림

2016. 12. 26. 월요일

현희정(독자) / 사랑을 참는다는 말이 참 멋집니다.

정인태(시인) / 동감! 엄마냄새를 지금 우리가 담고 있습니다.

백수경(독자) / 순수한 감성을 간직할 수 있는 나이가 8살이에요.

이근모(시인) / 카타리시스해소는 자신을 배설하는 발산이지요. 맘껏 발산하십시오.

인사발령

인사발령이 났습니다.

고향을 지척에 두고
타향의 자유함을 바람처럼 즐기다가
간섭과 관심으로 불편할 것을 뻔히 알면서도
그 곳
모교 찾아 갑니다.

키와 꿈을 키웠던
등 굽은 플라타너스 아래에서
눈썹 하나 떨어지는 일몰까지
다시 뛰어 놀아 볼 참입니다.

함께 뛰놀지 않으실래요?
여우생각

2016. 12. 27. 화요일

박응선(독자) / 옛날을 추억할 수 있는 소녀의 모습을 그려낼 수 있음에 축하드립니다.

장윤호(시인) / 유년의 뜰에서 따뜻한 시어들 찾아내시기를…

노희라(독자) / 이른 아침 화장실에서 볼일보고 나오는 순간이 하루 행복의 시작이고 시인님의 글을 읽을 때 하루가 충만해집니다. 좋은 글로 씩씩하게 응원해 주셔서 늘 감사합니다.

풍성한 겨울을 기도합니다

어제 밤
중간 잠을 깨어
도통 다시 잠이 오질 않습니다.

문득
잠결에 떠오르는 그 것
겨울이면 머리맡에 있던 고구마 두대통이었습니다.
윗목 떡 하니 자리 잡고
어른의 키가 아니면 꺼낼 수 없어
중간부분 살짝 터서 수시로 쏙쏙 꺼내다가
윗니와 아랫니로 껍질 벗겨 아작아작 베어 먹던
천정까지 쌓아 놓았던 두 대통 대신
문틈에 새는 작은 불빛에도 번쩍이는
텔레비전이 양반처럼 앉아 있습니다.

고구마 푹 삶아 누룩에 재어두면

아랫목에서 달달하게 술 익던 냄새가
유년시절부터 술을 그리워하게 했던 기억에
와락
옛날로 돌아가고픈
말도 안 되는 떼를 써 보았습니다.

두대통 채워져 든든했던 겨울처럼
풍성한 겨울 나시기를 기도합니다.
여우기도

2016. 12. 28. 수요일

이순희(시인) / 고향이 그리워 월출산을 보러가던 길, 봄이면 등꽃이 강물처럼 흐르던 여우네 집 앞, 감이 엄마 젖처럼 축 처져 토실토실 익어가던 텃밭, "들리거든 따가세요" 여우의 따뜻한 메시지에 주홍감보다 먼저 데워지던 가슴을 달고 월출산 오르면 걸음걸음 따라오던 여우의 정, 요즘 여우의 시 낭송집을 들으며 행복한 시詩 속에 젖어 산다오.

이 세상
함께 살아가는 인연들을
품어 사는 것은
들숨과 날숨으로 별을 품듯
우주가 숨을 쉬는 것일지도 모르겠습니다.

겨울편지 — II

들숨과 날숨으로 별을 품듯

채무를 갚는 희망

어제도
오늘도
내일도
결국은 하루인 것을...
새 날이라는 의미와 함께
그 하루가 여전히 진행 중입니다.

참 좋은 사람들의
따뜻한 말 한마디와
애틋한 토닥임과
정겨운 관심이
채무로 쌓여
채무를 갚는 희망으로 살으려합니다.

첫 출근의 첫 마음을 드립니다.
여우드림

2017. 1. 2. 월요일

조구호(독자) / 따스한 시적 감성이 더욱 풍부해지는 새해되시길.

김찬식(독자) / 늘 좋은 글에 감사합니다.

오동학(독자) / 정유년 새해 건강과 행복 만땅 차시기를 기원합니다. 지금까지 보내주신 좋은 글도 잊지 마시기를 기원합니다.

여유로움에 보태지는 갈증

머무는 곳이 고향이라더니
나고 자란 곳이련만
이다지도 낯설고
이토록 고독한 것이

몸이 멀어지면 마음 또한 멀어진다더니
그다지 멀리 온 것도 아니련만
아득히 멀어진 듯
자꾸만 자꾸만
전임지가 그립습니다.

이렇게
혼자이면서 함께인 듯
함께이면서 혼자인 듯
여유로운 마음 한 자락의
갈증 나는 하루가 또 보태집니다.

평화로우소서!

여우생각

2017. 1. 4. 수요일

김재균(독자) / 생각과 마음은 항상 고향이지만 산천은 그대로인데 그립던 사람이 보이지 않으니 더 외롭고 적적하고 쓸쓸한 느낌이겠지. 시간이 지나면 적응되고 다시 정이 들겠지.

이근모(시인) / 갈증나는 하루가 더하고 더해져서 시원한 비가 내리겠지요. 고운비 맞으시길 기원합니다.

서울 가는 마음으로

한동안 적조했습니다.

깊은 겨울잠 속에서
아직
무엇인지모를
내 안의 나를 분간 못하고
그냥
지나치고 있습니다.

시속30Km로 자동차를 끌고
황토밭에 멈춘 농기계거나
간간히 서릿발 이고 앉아 있는
배추 몇 포기,
그리고
어르신들의 전동차가 밀리는 풍경을 읽으며
그렇게 출근을 했습니다.

하얀 시멘트 도로가 아닌
코발트블루의 아스발트 위를
서울 가는 기분으로
달려보고 싶습니다.
오늘!

명절 앞둔 분주한 날
평화로우소서!
여우안부

2017. 1. 25. 수요일

황의정(독자) / 아침편지 많이 기다리고 많이 궁굼했습니다.
오기안(독자) / 오랜만에 좋은 글 반갑고 감사합니다.
임미화(독자) / 에고 반가워요. 한 동안 궁굼했습니다.

설 연휴 풍경

신부화장의 향기를 나풀거리며
찾아가야 할 사람보다
다이알비누의 향기를 품고
기다려야 할 사람이 더 많아진
설 연휴를 준비하는 풍경!

잡아 보고
안아 보고
품어 보고
서로의 애틋한 심장소리로
복을 짓는,

아름다운 가족이 머물러
두루 행복하시기를 기도합니다.
여우기도

2017. 1. 26. 목요일

현희정(독자) / 늘 좋은 글을 주심에 감사하고 행복합니다.

고미선(시인) / 글이 예쁘네요. 고마워요.

오성수(시인) / 새해에 만들어갈 인연도 아름다우시고 변함없는 좋은 시 부탁드려요. 여우시인님!

이매훈(수필가) / 밤 깊어가는 시간에 그대의 글을 읽습니다. 이미 읽었던 편지도 다시 읽습니다. 사는 일이 너무 힘들 때 박시인을 떠올립니다. 참 우습지요? 속엣 말 한 번 나눈적도 없는데 보내주시는 편지를 읽고 나면 편한해집니다. 그렇게 읽고 나서 혼자 웃습니다.

빛 같은 일상 등에 업고

새 임지에서 개학을 했습니다.

아침이면 해를 등지고
서쪽으로 출근을 하고
저녁이면 해를 등지고
동쪽으로 퇴근을 합니다.

눈부시게 아름다운 것이
빛이라 하지만
햇살을 등에 업는 일은
참 평화롭고 안온한 일입니다.

날마다 포개지는 하루가
당연한 것이 아니고
날마다 만나지는 인연이
당연한 것이 아니기에

빛 같은 일상과 인연을
등에 업고
이 소중함을 전송합니다.
여우드림

2017. 1. 31. 화요일

배영숙(시인) / 빛을 등진 안온한 일상, 더없이 좋지요.
정숙인(시인) / 빛을 느끼며 산다는 것 참 행복한 일입니다.

처음과 첫 날

일월이 가고 벌써 이월 초하룹니다.
처음을 좋아했던 때가 있었습니다.

그 때
느낌으로 맞는 처음보다
지금
실감하는 처음은 참 깊습니다.
그리고
실감을 좋아하게 된 촘촘한 이 중년이
너그러움을 품고
욕심을 내려놓게 합니다.

처음이 내게 들어와
내 안에서 숙성하는 것을 실감하는
처음 같은 첫 날

함께 익어가도 될까요?
여우바람

2017. 2. 1. 수요일

박원숙(수필가) / 여우바람 불어와 그것이 봄바람이었네. 창문 열고 맞이한다네.

임태성(독자) / 나이 들어 서러울 줄 알았는데 종류만 다를 뿐 모든 삶이 감동입니다.

작아진 까닭이

봄이 올 것 같아
작년에 입었던 원피스를 꺼내
입어봅니다.
어째 작아진 듯한 느낌입니다.

나이에 걸맞게
커지고
넓어지고
깊어져야 할 것들이 많아

몸무게 때문이 아니라
마음이 넉넉해진 까닭이라면
참 좋겠습니다.

넉넉한 하루 드려요.

여우드림

2017. 2. 2. 목요일

정연호(독자) / 넉넉하고 새로움을 희망으로 사는 하루 잘 받았습니다.

신병은(시인) / 늘 변함없이 보내오는 따듯한 안부 고맙습니다. 올해도 깊고 넓은 시심으로 빛이 되세요.

박정희(독자) / 가끔 시인님의 일상을 그려봅니다. 글 속에서 생활을 보고 읽으면서도 가끔 생각을 해봅니다. 보내주시는 글이 늘 마음 따뜻해집니다.

우표 없는 답장

빈손으로 친정 나드리 다녀오는 며느리에게
"너 오는 길에는 맹감도 없더냐?"
시어머니의 섭섭한 말씀에
"가는 길에 없던 맹감이
오는 길이라고 있을랍디여?"라고
며느리가 대답했다는
옛날 고부간의 이야기를 들으며
배품은 먼저라는 것을 깨닫습니다.

입춘 하루 전
낙안 금둔사에 홍매가 피고 있다는 기별이 왔습니다.
삼한사온의 교과서처럼
우리 동네 저수지 뚝방에 여린 쑥 잎 안부로
우표 없는 답장이라도 보내야겠습니다.

소소한 안부라도
고급스런 먹거리가 아니라도
먼저 내밀어
훈훈한 가슴을 나누고 싶습니다.

고운하루 드려요.
여우편지

2017. 2. 3. 금요일

김영천(시인) / 쑥 향기 가득합니다.

정형택(시인) / 행복한 여우, 술만 있으면 ,저수지 뚝 방에 쑥 케다가 된장국 훌훌 마시고 싶네요.

밤낮 없이 피어나는 것

입춘 지나고
봄비가 다소곳이 내리던 주일에
초등학교 동창생 녀석이 다녀갔습니다.

지나는 바람처럼 잠시 머물렀건만
그 친구 안에 존재해 있는
내 어릴 적 삶을 건져내어
다시
말랑말랑한 일상을 맞을 수 있는
중요한 용건으로 남았습니다.

가난이었거나 시련이었거나
그때 그 자리에서
아직도 벙글고 있음이
슬프거나 외롭지 않음은
참으로 신기한 일입니다.

밤낮 없이 세월 가는 만큼
밤낮 없이 추억은 쌓이는 것이니
밤낮 없이 피어나는 것이 인생인 것 같습니다.

오늘 피는 하루는
특별히 화사하시길 기도합니다.
여우기도

2017. 2. 6. 월요일

현희정(독자) / 저도 어린 시절이 참 아프고 힘들었지만 추억이라 생각하니 나이 듦이 나쁘지만은 아닌 듯합니다.

서미경(독자) / 옛 친구 옛이야기가 마치 봄비에 촉촉이 젖은 꽃대처럼 설렘 가득.

허상 그리고 현실

어젯밤 저녁상에
봄 보다 새 살로 먼저 오는
새아젓을 양념해서
친정집안 오빠께 한 보시기 보냈더니
옛 생각에 눈물이 날 것 같았다는
기별이 왔습니다.

오늘 점심상에는
봄 보다 소리로 먼저 오는
미나리무침으로 기운이 차는데
문득
잊고 있던 내 어머니
살강 아래 구부리시고
설 지나 군내 나는 싱건지
꺼내 들고 나오십니다.

이 허상
현실이었으면 좋겠습니다.
여우편지

2017. 2. 7. 화요일

민유기(독자) / 정겨운 생활상에서 시인의 정감이 묻어납니다. 내가 봄을 만끽한 듯 합니다.

김병찬(독자) / 새아젓, 살강이란 말이 살포시 마음에 파고 들어옵니다.

동행의 멘토

밤사이 윗녘에 눈이 쌓인다더니
아랫녘 우리 동네에 제법 눈이 쌓였더이다.

눈 내린 새벽 첫길은
환할 것 같지만
앞도 뒤도 노선을 가늠할 수 없을 만큼
아득합니다.

그런데
먼저 길을 내고 지나간 자동차가 있어
그 흔적 따라 가다보면
쉽게 지날 수 있습니다.

부모가 되어
어른이 되어
선배가 되어

먼저 지나간 자동차처럼
누군가의 인생에 행복한 동행의
멘토가 되고 싶은 마음으로
눈 내린 새벽 첫 길을 냈습니다.
오늘!

포근한 하루 드려요.
여우드림

2017. 2. 10. 금요일

위종만(독자) / 소녀 같으신 시인님, 덩달아 소년이고 싶네요.
정형택(시인) / 눈 내린 새벽 첫길 그 길은 하늘이 주신 조심 조심 입니다. 박시인은 항상 그렇게 살며 가고 있어요.

들숨과 날숨으로 별을 품듯

이월의 언 땅을 뚫고 나온
노란 복수초를
어젯밤 뉴스에서 만났습니다.

두어 달 개화 했다가 지는 꽃
서둘러 피는 까닭은
잊혀질까 두려워
잊혀지지 않으려 함인지도 모를 일입니다.

바다의 밀물과 썰물은
천지가 숨을 쉬는 뜻이라는데

이 세상
함께 살아가는 인연들을
품어 사는 것은
들숨과 날숨으로 별을 품듯

우주가 숨을 쉬는 것일지도 모르겠습니다.

그 인연
길거나 짧거나
멀리 있거나 가까이 있거나
내 일상에 소중하게 남아 계심이
참 감사한 일입니다.

평화로우소서!
여우기별

2017. 2. 13. 월요일

김종심(독자) / 시인님과의 인연에 감사와 행복입니다.
임화정(독자) / 좋은 글 항상 접할 수 있음에 감사합니다.

아름다운 꿈자리를 선사합니다

살면서
뜻밖의 기쁨일 때
꿈인가 생신가 합니다.

말할 수 없이 힘들 때
차라리 꿈이었으면 합니다.

깊은 잠 꿈속에서
달달한 행복을 맛볼 때
그 꿈 깨어나지 않기를 바랍니다.

영혼이 맑을수록
꿈은 생생하다 합니다.

해 떨어지는 광장에
흔적과 기억이 될

아름다운 꿈자리를 선사합니다.
여우올림

2017. 2. 15. 수요일

정승원(독자) / 고운마음에서 예쁜 생각이 나오네요.

김병찬(독자) / 변함없는 일상이지만 좋은 작품으로 행복해집니다.

이보영(시인) / 아직도 세상을 밝고 건강하게 바라보시는 선생님 너무 멋져요. 날마다 행복하시길 기원합니다.

정현준(독자) / 저도 선생님께 아름다운 꿈자리 선사합니다.

단 한 사람으로도

내가 세상을 살아가는데
생각보다 많은 사람이
필요하지는 않습니다.

눈 쌓인 겨울날에는
옴팍진 초가집 아랫목에서
안주도 필요 없이
달달한 고구마주를 마시고

비가 억수로 쏟아지는 날에는
양철지붕 아래서 비 떨어지는 소리 들으며
파전에 소주를 마시고

봄 햇살이 화사하게 내려오는
이런 날에는
높은 논두렁 아래 짚뭇개고 앉아

온갖 꽃씨 풀씨 떠들어보며
막걸리를 마시며

인생이거나 철학이거나
처음이고 끝인 냥
느슨하게 풀어진 여유로움으로
놀아보고 싶습니다.

여기에
가슴 따듯한
단 한 사람으로도 충분할 것 같습니다.
여우생각

2017. 2. 16. 목요일

이애련(독자) / 가슴에 와 닫는 글 읽기만 해도 좋습니다.
곽성구(독자) / 가슴 따듯한 그대!

햇살처럼 눈부신 날

지인으로부터
이월의 동해 일출을
카톡으로 받았습니다.

새해 첫날의 일출은
세상이 들썩이게 맞이했건만
이월의 일출은 그지없이 고요합니다.

해가 뜨고 지는 소리거나
별이 뜨고 지는 소리 없이
처음처럼
묵묵히 솟아주는 새 날이
참으로 감사입니다.

편안한 하늘만 쳐다보았던
어제와 달리

오늘은
눈부신 햇살
두 눈 질끈 감고라도
쳐다 볼 참입니다.

햇살처럼 눈부신 날 되소서!
여우바람

2017. 2. 17. 금요일

곽성구(독자) / 이월의 햇살이 소녀의 미소같이 감미롭습니다.
이행보(시인) / 날마다 모두가 감사입니다.

꽃샘 추위

소란을 동반하고
밤새 비가 내리더니
지난겨울 흰 눈이 소리를 삼켜
다시 토해 내는 꽃샘추위가
문지방 살짝 걸터앉았습니다.

결국은
날이 새도록
개꿈 속에서 집어먹은 음식들이
몸살감기와 콧물로 돌아와
자리를 잡습니다.

홍매가 발그레 다가서는 일이거나
목련이 털옷 벗는 모습이거나
잠시 해찰부린 틈에

고뿔 조심하시게요.

여우기도

2017. 2. 20. 월요일

문정권(시인) / 박시인님은 진정한 문학인입니다. 한 줄의 글을 쓴다는 것은 결코 쉬운 일이 아닌데 부지런함이 존경스럽습니다.

민유기(독자) / 그립고 아쉬운 지난날들 속에 박시인님과 함께임이 행복입니다.

이복순(독자) / 꽃밭 같은 날 되소서!

권미희(독자) / 시인님의 글에 마음이 절로 따뜻해집니다.

외로워도 혼자이고 싶은

이른 봄비
뚝 떨어진 기온 무색하게
피워내는 꽃들이 있습니다.

꽃이 지천으로 화려할수록
외로움도 지천에 둥둥 떠다닙디다.

사람에게 시달리다 외로워지면
다시
사람을 찾아 그 외로움 달래고

꽃을 바라보다 외로워지면
다시
꽃을 보며 그 외로움 달래는 듯

혼자 외로워하다가

다시
혼자 해결해야 하기에
외로움은 셀프라지요.

종일토록 비가 내리겠다는 오늘
외로워도 혼자이고 싶은
안온함을 드립니다.
여우드림

2017. 2. 22. 수요일

정연호(독자) / 어제 온화한 햇살 아래서 성질 급한 홍매화 뜯어보다가 외로움이 셀프라는 것을 알았습니다.

임영열(독자) / 시달리게 하는 사람, 달래주는 사람, 나는 어떤 사람일까?

지혜로운 늙음

오늘은
노인 방문도우미님들 대상으로
직무연수 강의를 나왔습니다.

노련한 늙음이
용기 있는 젊음을 조심하고

아름다운 늙음이
예쁜 젊음에게 양보를 하며

가을 같은 늙음이
봄 같은 젊음에게 허리를 굽히며
세상이 변했다고 말하지만

힘든 젊은이의 어깨를
지혜로운 늙은이의 토닥임으로

세상을 살아가는 위로가 되기에

오늘의 이야기가
어르신들을 따뜻하게 보듬어 줄 수 있는
빛이 되었으면 참 좋겠습니다.
여우생각

2017. 2. 23. 목요일

이보영(시인) / 열심히 살아가시는 작가님의 모습에 찬사를 보냅니다.

정연호(독자) / 천천히 나긋나긋하게 청중들의 눈총을 살펴가며 동의를 구해가는 명 강의를 믿습니다.

여유로운 헤실거림

텅 빈 것 같은 가슴에서
퍼낼 것이 많습니다.

막상 퍼내자니
하찮은 것이 많습니다.

방학이 끝나는 마지막 주
살가운 아이들소리가
가까이 달려오고 있다는 것이
적잖은 부담과 콩닥콩닥 긴장입니다.

오늘은
참 좋은 사람과
내가 술을 사는 전제로
여유로웠던 일상은 반 쯤 접고
나도 반 쯤 피워서

여유롭게 해실거리고 싶습니다.

여우생각

2017. 2. 24. 금요일

김인창(독자) / 건배로 부딪혀 출렁이는 투명한 소주잔 끄트머리에 매달려 있겠습니다.

오성수(시인) / 좋은 사람과 얼마나 좋을까나. 저만치 손짓하는 지난날의 여운을 안주하고 끝나버린 아쉬움을 시작으로 대신하며 접혀진 일상을 막 펴내서 나중에 꺼내볼 이야기 만드는...

양선희(독자) / 물은지나는 바람에도흔들렸다 흔들렸다 가라앉습니다. 파르르 흔들리려는 화를 내려 찍 듯 누릅니다. 30초 뒤 허망하지 않으려고 그리고 여유롭게 헤실거리려 합니다.

나만 생각해도 풍요로워지는

신부화장 만큼 정성들여
머리카락 한 올까지 바르게 눕히고
거울 가까이 들여다보니
내가 참 아름다워 보입니다.

말보다 침묵이 세다는 것을
언제 터득했는지
그녀의 끝없는 수다를 곰곰이 들으며
고개를 끄덕이고 있는 내가
참 괜찮다는 생각이 듭니다.

새 책 냄새와 지우개 냄새
그리고
크레파스 냄새가 폴폴 나는 복도를
옛날 선생님 발걸음 소리 같은
그 소리를 내며 복도를 걷는 내가
참 좋습니다.

오늘은
나만 생각해도 풍요로워지는 생각들이
이렇게 가득합니다.
여우만큼 행복하소서!
여우편지

2017. 2. 27. 목요일

곽성구(독자) / 그대는 참 아름답습니다.
김병찬(독자) / 일상에 힘이 있고 행복해 보입니다.

사과씨 만한 사랑

애당초
사랑을 전제로 만난 것은 아니었는데

만나보니 강한 인상과는 달리
마음은 하염없이 여리고

빈 틈 없을 것 같은 이미지와는 달리
그지없이 말랑말랑하여

욕심도 많을 성 싶은 분위기와 달리
술값도 밥값도 서둘러 계산하더니
취해서 돌아가는 친구 손바닥에
택시비 쥐어 보내는
따뜻한 마음 한 사발 잘 익어 있어서
세월 지나고 보니 사랑하고 싶어진다고

한번쯤

나랑 술 한 잔 했던 사람이
한번쯤
내게 속엣 말 했던 사람이
나를 이렇게 기억해 주었으면
참 좋겠습니다.

봄이 오는 길목에
사과씨 만한 사랑도 피었으면
참 좋겠습니다.
여우생각

2017. 2. 28. 화요일

정형택(시인) / 그 사람이 누구일까? 만나보고 싶네. 나도 그러네. 그런 사림이고 싶네.

임태성(독자) / 그렇게 기억하고 있습니다. 강한 인상과 다르게 여리고 말랑말랑.

박경찬(독자) / 봄이 오는 향기속에 추억과 사람냄새가 어우러지는 좋은 글 감사합니다.

| 저자소개 |

지운池雲 박춘임

영암출생
〈문학춘추〉 시로 등단

활동
한국문협회원, 전남문인협회원, 전남여류문학회원, 영암문협회원,
전남시인협회 사무국장 역임, 시향문학회 사무국장 역임

저서
시　　집. 『나이테를 그으며』, 한림, 2002
『월출산 여우』, 한림, 2003
『가슴에 머무는 향기』, 한림, 2005
『취가연가』, 문학나루, 2009
『왜 하필 아네모네인가?』, 누리기획, 2012
『여우비』, 전남대학교출판부, 2013
『바람꽃 편지』, 영암신문사, 2015
공저 다수
수 필 집. 『지금 열애 중』, 한림, 2007
가 요 음 반. 『시인 박춘임의 노래가 머무는 자리』, 2006
시낭송음반. 『무지개로 뜨는 시』, 2016
개 인 전. 『영암사랑 순회 시화전』 7회
다음카페 〈월출산여우네〉
월출산여우네 문학관

수상
문학춘추 신인상, 전남문학상, 전남시문학상, 전남문인협회 공로상

박춘임 시집 카톡으로 보낸 편지

인 쇄 | 2017년 10월 20일
발 행 | 2017년 10월 23일
저 자 | 박춘임
발행인 | 정병석
발행처 | 전남대학교출판문화원
등 록 | 1981. 5. 21. 제53호
주 소 | 61186 광주광역시 북구 용봉로 77
전 화 | (062) 530-0571~2, 마케팅부 530-0573
팩 스 | (062) 530-0579
표지디자인 | 곽수렴
홈페이지 | http://www.cnup.co.kr

값 15,000원
ISBN 978-89-6849-437-6 (03810)

이 도서의 국립중앙도서관 출판예정도서목록(CIP)은 서지정보유통지원시스템 홈페이지(http://seoji.nl.go.kr)와 국가자료공동목록시스템(http://www.nl.go.kr/kolisnet)에서 이용하실 수 있습니다. (CIP제어번호 : CIP2017026827)